일본인들이 가장 많이 쓰는

상황별 패턴
일본어회화

랭's트리

1쇄 발행일 | 2012년 3월 12일
2쇄 발행일 | 2015년 7월 23일

지은이 | 황금자
펴낸이 | 윤영수
펴낸곳 | 문학나무(랭S트리)

등록 | 제312-2011-000064호 1991. 1. 5.
주소 | 서울시 서대문구 남가좌동 5-5
전화 | 02)302-1250
팩스 | 02)302-1251
E-mail | mhnmu@naver.com

ⓒ 랭S트리, 2011
ISBN 89-92308-74-8 13730

값 10,000

▶이 책의 저작권은 저작권 법에 의거하여 랭S트리에 있습니다.
▶본사의 동의 없이 내용의 일부 또는 전체를 무단 전재하거나 복제하는 행위를 금합니다.

일본인들이 가장 많이 쓰는

상황별 패턴
일본어회화

랭's트리

머리말

한국어와 일본어는 비슷해서 배우기 쉽다고 합니다. 하지만 막상 일본인을 만나 대화를 나누다 보면 어떤 표현을 써야 '일본어다운' 회화를 하고 있는지 궁금할 때가 많이 있습니다. 상황에 맞는 적절한 표현이 분명히 있는데도 표현방법을 몰라서 어색한 일본어가 되기 일쑤입니다.

일본어를 하다 보면 누구나 한 번씩은 그런 경험이 있을 것입니다. 한국어를 일본어로 직역해서 표현하다가 이상한 일본어를 말해 버린 경험…. 결국 일본어도 외국어라는 점을 절실하게 깨닫게 되는 때입니다.

본 교재는 이러한 어색한 상황별 일본어를 '자연스런' 일본어로 표현할 수 있도록 여러분을 도와줄 것입니다. 또한 소지하지 쉽도록 간단한 핸드북으로 제작해 어디서든 바로 찾아서 활용할 수 있도록 만들었습니다.

상황에 따른 적절한 표현을 구사하여 마치 현지에서 생활하고 체험한 듯이 공부할 수 있습니다. 목차별로 일상생활에서 자주 쓰는 표현들이 정리되어 있어 어디서나 바로 찾아 사용할 수 있도록 하였습니다.

이런 필수 생활회화 외에도 감정 표현하기, 학교생활 표현, 비즈니스상 표현 등도 수록하여 폭넓게 활용할 수 있도록 했습니다. 따라서 일본에서 생활하는 분이나 생활하실 분, 혹은 여행, 사업, 유학 등을 생각하고 계신 분들에게 더욱 도움이 될 것입니다.

부디 본 교재가 일본어를 배우고 계신 학습자 분들에게 든든한 밑거름이 되는 동시에 한국어와 일본어간의 표현차이에서 오는 오해를 줄이고 자연스런 일본어 구사에 도움이 되길 바랍니다.

마지막으로 어려움에도 불구하고 끝까지 열정을 가지고 교재출판을 도와주신 와이엘북의 이선표사장님과 항상 저의 든든한 후원자이신 부모님께 깊은 감사를 드립니다. 그리고 지금까지 저에게 많은 관심과 격려를 아끼지 않았던 모든 분들께 고개 숙여 감사드립니다.

황금자

이 책의 구성

핵심패턴 익히기
각 상황별로 자주 사용되는
240개 핵심패턴을 준비했습니다.

패턴 설명
단원의 핵심 패턴을 간략하게
설명합니다. 패턴의 의미를
확실하게 이해하려면 꼭
읽어보세요.

응용표현
패턴을 응용해 보는 코너입니다.
한글로 제시된 문장들을 일본어로
바꿔 보세요. 정답은 페이지 아래에
있지만, 먼저 문장을 만들어 보고
답을 확인하세요.

대화문
Dialogue를 통해 각 상황에 맞는
패턴을 적용해 보세요.
실제 대화로 패턴과 상황을
연결 지어 익혀보세요.

Expression
세 가지 세부상황으로 분류했고,
각 세부상황마다 꼭 알아야 할
표현을 뽑아 모두 1300여 개의
표현을 준비했습니다.

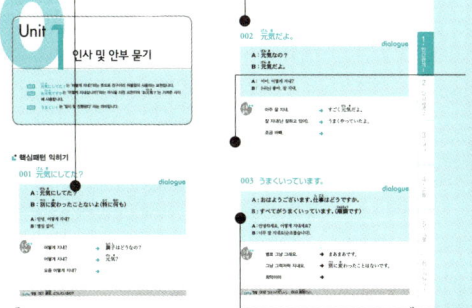

contents

PART 1
인간관계 I

Unit 1 인사 및 안부 묻기	12
Unit 2 소개하기	16
Unit 3 초대하기	20
Unit 4 호의/감사	24
Unit 5 사과하기	28
Unit 6 물어보기(질문, 날씨, 시간)	32
Tip - 호칭	36

PART 2
인간관계 II

Unit 1 칭찬	38
Unit 2 축하	42
Unit 3 위로	46
Unit 4 격려	50
Unit 5 부탁 · 허락	54
Unit 6 진정	58
Unit 7 기타 상황(확인, 농담, 핀잔)	62
Tip - 주요 인사말	66

PART 3
여가

Unit 1 영화	68
Unit 2 웰빙	72
Unit 3 책/음반	76
Unit 4 스포츠/전시회관람	80
Unit 5 여행1	84
Unit 6 여행2	88
Unit 7 야외활동	92
Tip - 권유와 거절	96

Unit 1 버스   98
Unit 2 기차   102
Unit 3 지하철   106
Unit 4 택시   110
Unit 5 자가용   114
Tip - 행운을 부르는 물건   118

PART 5
쇼핑

Unit 1 매장   120
Unit 2 물건고르기   124
Unit 3 계산   128
Unit 4 포장/배달   132
Unit 5 교환/환불   136

Unit 6 전화주문   140
Tip - 속담   144

Unit 1 은행   146
Unit 2 미용실   150
Unit 3 식당   154
Unit 4 호텔   158
Unit 5 공항   162
Unit 6 병원   166
Tip - 숫자 읽기   170

PART 7
서비스 II

Unit 1 관공서	172
Unit 2 세탁소	176
Unit 3 약국	180
Unit 4 도서관	184
Unit 5 카센터/주유소	188
Unit 6 기타	192
Tip - 축약표현	196

PART 8
교제

Unit 1 연애를 주제로 한 대화	198
Unit 2 데이트 신청/고백	202
Unit 3 이별	206
Unit 4 외모	210
Unit 5 성격	214
Unit 6 관심사	218
Tip - 경어	222

PART 9
학교/직장

Unit 1 입학/졸업	224
Unit 2 학교생활	228
Unit 3 과제/시험/성적	232
Unit 4 학교행정	236
Unit 5 구직/사직	240
Unit 6 업무처리	244
Unit 7 직장생활	248
Unit 8 회의	252
Unit 9 프리젠테이션 1	256
Unit 10 프리젠테이션 2	260
Tip - 관용표현	264

PART 10
전화

Unit 1 전화 받기	266
Unit 2 전화 바꿔주기	270
Unit 3 메시지 받기	274
Unit 4 메시지 남기기	278
Unit 5 자동응답기에 녹음하기	282
Unit 6 전화를 끊을 때	286
Unit 7 전화서비스	290
Tip - 부탁하는 표현	294

PART 11
의견

Unit 1 제안하기	296
Unit 2 질문하기	300
Unit 3 의견말하기	304
Unit 4 불평, 불만 토로하기	308
Unit 5 충고하기	312
Unit 6 동의/반대하기	316
Unit 7 추측/예상/가정	320
Tip - 이메일에서 자주 쓰는 표현들	324

PART 12
감정

Unit 1 기쁨	326
Unit 2 감동/놀람/무서움	330
Unit 3 슬픔/우울/유감	334
Unit 4 화/실망	338
Unit 5 걱정	342
Unit 6 싸움/비난	346
Unit 7 칭찬	350
Tip - 상대방과 대화하기	354

PART 1

인간관계 I

Unit 1 인사 및 안부 묻기

Unit 2 소개하기

Unit 3 초대하기

Unit 4 호의/감사

Unit 5 사과하기

Unit 6 물어보기(질문, 날씨, 시간)

Tip - 호칭

Unit 01 인사 및 안부 묻기

- **001** 元気にしてた？는 '어떻게 지내?'라는 뜻으로 친구끼리 허물없이 사용하는 표현입니다.
- **002** お元気ですか는 '어떻게 지내십니까?'라는 격식을 차린 표현이며 'お元気？'는 가까운 사이에 사용합니다.
- **003** うまくいく는 '일이 잘 진행된다'라는 의미입니다.

▪ 핵심패턴 익히기

001 元気にしてた？

dialogue

A: 元気にしてた？
B: 別に変わったことないよ(特に何も)。

A: 안녕. 어떻게 지내?
B: 별일 없어.

응용표현

어떻게 지내?	→ 調子はどうなの？
어떻게 지내?	→ 元気？
요즘 어떻게 지내?	→ _____

정답 001 最近、どうしているの？

002　元気だよ。

dialogue

A: 元気なの？
B: 元気だよ。

A: 어이, 어떻게 지내?
B: (나는) 좋아. 잘 지내.

아주 잘 지내.　　　　　　→　すごく元気だよ。

잘 지내(난 잘하고 있어).　→　うまくやっていたよ。

조금 바빠.　　　　　　　→　_____

003　うまくいっています。

dialogue

A: おはようございます。仕事はどうですか。
B: すべてがうまくいっています（順調です）。

A: 안녕하세요, 어떻게 지내세요?
B: 너무 잘 지내요(순조롭습니다).

별로 그냥 그래요.　　　→　まあまあです。

그냥 그럭저럭 지내요.　→　別に変わったことはないです。

최악이야.　　　　　　　→　_____

정답　002 ちょっと忙しい。　003 最悪だよ。

상황표현 익히기

인사 및 안부 물을 때

❶ お元気(げんき)？
어떻게 지내?

❷ 調子(ちょうし)はどう？
어떻게 지내?

❸ 何(なに)かあったの？
무슨 일 있어?

❹ お変(か)わりありませんか。
그동안 어떻게 지냈습니까?

❺ お会(あ)いできてうれしいです。
만나서 반가워요.

안부 대답할 때

❶ 元気(げんき)だよ。
잘 지내.

❷ 別(べつ)に。
별일 없어요.

❸ うまくやっているよ。
잘 지내.

❹ すべてが順調(じゅんちょう)だよ。
모든 것이 순조로와.

❺ 相変わらずだよ。
평소와 같아. / 별일 없어.

❻ あまりうまくいってないよ。(最悪だよ。)
안 좋아. / 최악이야.

헤어질 때

❶ さよなら。
안녕.

❷ お休み(なさい)。
(밤에 헤어질 때)잘 자. / 안녕히 주무세요.

❸ もう帰らないと/そろそろ帰るね。
이만 가야겠다.

❹ 申し訳ありませんが、お先に失礼します。
죄송하지만, 이만 가야겠습니다.

❺ 後でね。
나중에 보자.

❻ 連絡してね。
연락하자.

❼ いい週末を。
주말 잘 보내.

Unit 02
소개하기

004 こちらは〜는 '이분은 〜'이라는 뜻으로 사람을 소개해 줄때 사용하는 표현입니다.
005 お会いできて는 '만날 수 있어서'라는 뜻입니다.
006 お目にかかれて는 会って(만나서) 보다 공손한 표현이고, こちらこそ는 '저야말로'라는 뜻입니다.

핵심패턴 익히기

004 こちらはパクミナさんです。

dialogue

A : こちらはパクミナさん。ミナさん、こちらは田中さんだよ。
B : はじめまして。

A : 이쪽은 박미나씨야. 미나씨, 이 쪽은 다나카씨야.
B : 처음뵙겠습니다.

이 사람은 사토씨입니다.	→	こちらは佐藤さんです。
이 쪽은 제 상사입니다.	→	こちらは私の上司です。
이 사람은 원앤원사에서 일하는 박미나씨입니다.	→	_____

정답 004 こちらはワンアンドワンに勤めているパクミナさんです。

005 お会いできてうれしいです。

dialogue

A: こちらは園子さんで、こちらは佐藤さんです。
B: お会いできてうれしいです。

A: 이쪽은 소노코씨이고 이쪽은 사토씨입니다.
B: 만나서 반갑습니다.

만나서 반가워. → 会えてうれしい。

만나서 기뻐. → 会えてうれしいね。

뵙게 되어 기쁩니다. → _____

006 パクミナさんをご紹介します。

dialogue

A: パクミナさんをご紹介します。ミナさん、こちらは田中さんです。
B: ミナさん、お目にかかれてうれしいです。
C: いいえ、こちらこそ、どうぞよろしく。

A: 박미나씨를 소개해 드리겠습니다. 미나, 이분은 다나카씨입니다.
B: 미나씨, 만나서 반갑습니다.
C: 만나 뵙게 되어 반갑습니다.

당신이 소노코씨를 만났으면 좋겠습니다.
→ あなたが、園子さんに会ったらいいと思います。

당신이 춤을 췄으면 좋겠습니다. → あなたが、踊ったらいいと思います。

그 곳에 가주었으면 좋겠습니다. → _____

정답 005 お会いできて うれしいです。 006 そこまで行ったらいいと思います。

■ 상황표현 익히기

다른 사람/사물을 소개할 때

① こちらは、田中さんだよ。
애는 다나카야.

② こちらは私の友達の田中さんです。
이 사람은 제 친구인 다나카씨입니다.

③ この方は IGSEのハン・ボラムさんです。
이 분은 IGSE의 한보람씨입니다.

④ 私の家族です。
제 가족입니다.

⑤ 私の友達を紹介しましょう。
제 친구를 소개하겠습니다.

자기 소개할 때

① 自己紹介いたします。
제 소개를 하겠습니다.

② あなたが、踊ったらいいと思います。
당신이 춤을 추면 좋겠다고 생각합니다.

③ 私は田中と申します。
나는 다나카입니다.

④ 田中と呼んで。
다나카라고 불러.

❺ 私はワンアンドワンで働いています。
저는 원앤원에서 일하고 있습니다.

❻ 私は IGSEで勉強しています。
저는 IGSE에서 공부하고 있습니다.

인사할 때

❶ こんにちは。
안녕. / 안녕하십니까.

❷ お会いできてうれしいです。
만나서 반갑습니다.

❸ はじめまして。
처음 뵙겠습니다.

❹ お目にかかれてうれしいです。
뵙게 되어 기쁩니다.

❺ お話はかねがね聞いております。
당신에 대해 말씀 많이 들었습니다.

❻ 今日は本当にありがとうございました。
오늘은 정말로 고마웠습니다.

Unit 3 초대하기

007 来られる는 동사 来る의 가능형으로 '올 수 있다'라는 의미입니다. 경어랑 구별하기 위해 보통 ら를 빼고 来れる라고 할 때도 있습니다.

008 すみませんが는 '미안합니다만'이라는 말로 상대방의 호의나 제안을 거절할 때 사용할 수 있습니다

009 ご招待는 초대(招待)에 ご라는 존경의 접두어가 붙은 표현입니다.

핵심패턴 익히기

007 来られる？

dialogue

A : 今日、家でパーティーがあるの。来られるの？

B : もちろん、行くよ。ありがとう。

A : 오늘 우리 집에서 파티가 있는데. 올 수 있니?
B : 물론이지, 고마워. 갈게.

올래?	→	来れるの？
우리 집에 올 수 있니?	→	私の家に来られるの？
내 생일 파티에 올 수 있니?	→	_____

응용패턴 정답 007 私の誕生日パーティーに来られる？

008 すみませんが、予定が入っているので。

dialogue

A: 来週の水曜日の飲み会に来られますか。
B: すみませんが、行けそうにないんです。

A: 다음 주 수요일 연회에 오실 수 있으십니까?
B: 죄송하지만, 갈 수 없습니다.

미안하지만, 갈 수 없습니다. → すみませんが、ちょっと無理です。

미안하지만, 다음에 가겠습니다. → すみませんが、次回ということにしましょう。

미안하지만, 선약이 있습니다. → _____

009 ご招待ありがとうございます。

dialogue

A: 事務室でクリスマス・パーティーをするんですが、いらっしゃいませんか。
B: 喜んで行きます。ご招待ありがとうございます。

A: 사무실에서 하는 크리스마스 파티에 와 주시겠습니까?
B: 물론이죠, 초대해 주셔서 감사합니다.

파티에 와주셔서 고맙습니다. → パーティーにお越しいただいて、ありがとうございます。

강연에 참석해주셔서 감사합니다. → 講演にお越しいただいて、ありがとうございます。

물어봐줘서 고마워. → _____

정답 008 すみませんが、先約があります。 009 誘ってくれて、ありがとう。

상황표현 익히기

초대할 때

① 昼ごはん、一緒に食べましょう。
점심 같이 해요.

② 私たちと一緒に行くよね？
우리랑 같이 갈 거지?

③ 今週の金曜日の昼食にご招待したいんですが。
이번 금요일 점심 식사에 초대하고 싶습니다만.

④ 私たちと夕ごはんでも、いかがですか。
저희와 함께 저녁을 드시겠습니까?

⑤ 事務室でクリスマス・パーティーをするんですが、いらっしゃいませんか。
사무실에서 하는 크리스마스 파티에 와 주시겠습니까?

초대에 응답할 때

① うん、行くよ。
그래, 갈게.

② もちろん、行く。
물론이지, 갈게.

③ 行くよ。ありがとう。
갈게.

④ 必ず行くよ。
꼭 갈게.

❺ だめだと思う。
안될 것 같아.

❻ すみませんが、行けません。
미안하지만, 갈 수 없습니다.

❼ 先約があります。
선약이 있습니다.

초대 및 참석에 대한 감사 인사할 때

❶ ありがとう。
고마워.

❷ ありがとうございます。
고맙습니다.

❸ ご招待、ありがとうございます。
초대해줘서 고맙습니다.

❹ 誘ってくれて、ありがとう。
초대해줘서 고마워(물어봐줘서 고마워).

❺ お越しいただいて、ありがとうございます。
와줘서 고맙습니다.

Unit 04 호의/감사

010 なんと~ば는 '뭐라고 ~(하)면'이라는 의미입니다. 주로 뒷 문장에 わかりません(모르겠습니다)와 같이 사용하는 경우가 많습니다.

011 どう는 '어때?'라는 의미로 친한 사이에 격의 없이 사용하는 표현입니다.

012 どう는 상대방의 의향을 묻거나 권유할 때 사용할 수 있습니다.

핵심패턴 익히기

010 なんとお礼の言葉を言えばいいか、わかりません。

dialogue

A : なんとお礼の言葉を言えばいいか、わかりません。

B : とんでもございません。

A : 뭐라고 감사해야 할 지 모르겠어요.
B : 별거 아닙니다.

뭐라고 말해야 할 지 모르겠어요. ➔ 何と言ったらいいのかわかりません。

무엇을 해야 할 지 모르겠어요. ➔ 何をしなければならないのかわかりません。

이 휴대폰을 어떻게 사용하는지 모르겠어요. ➔ _____

응용표현 정답 010 このケータイ、どう使えばいいか、わかりません。

011 ビール、どう？

dialogue

A : ビール、どう？
B : 今は大丈夫だよ。ありがとう。

A : 맥주 마실래?
B : 지금은 괜찮아, 고마워.

커피 드실래요? → コーヒーでも、めしあがりますか。

저녁 드실래요? → 夕ごはんでも、いかがですか。

산책하실래요? → _____

012 今晩、私とお酒でも一杯どう？

dialogue

A : 今晩、私とお酒でも今晩どう？
B : 今度でもいいかな。
A : もちろん、暇な時を教えて。

A : 오늘 밤에 한잔 하는 게 어때?
B : 다음으로 미뤄도 될까?
A : 물론이지. 너 한가할 때 알려줘.

오늘 영화 보러 가는 게 어때? → 今日、映画でも見に行かない？

오늘 밤 술 한 잔 어때? → 今晩、一杯どう？

결과는 어떻습니까? → _____

정답 011 散歩でもされますか。 012 結果はどうですか。

상황표현 익히기

감사 인사할 때

❶ ありがとう。
고마워.

❷ 手伝ってくれてありがとう。
도와줘서 고마워.

❸ とても親切ですね。
참 친절하시군요.

❹ お礼の言葉もありません。
뭐라고 해야 할 지 모르겠어요.

❺ 本当にありがとう。
정말 고마워.

❻ どういたしまして。/ そんなこと言わないでください。
천만에요. / 그런 말 하지마세요.

❼ お役に立ててうれしいです。
도움이 되어서 정말 기쁩니다.

음식 등을 대접할 때

❶ コーヒー、飲む？
커피 마실래?

❷ コーヒー、飲みますか。
커피 마실래요?

❸ ビール、飲みますか。
맥주 마실래요?

❹ ええ、どうぞ。
네.

❺ いいえ、ありがたいですが、けっこうです。
고맙지만 사양하겠습니다.

제안할 때

❶ 今晩、一杯どう？
오늘 밤에 한잔 하는 게 어때?

❷ 映画を見に行こう。
영화 보러 가요.

❸ いいね。/おもしろそうだね。
괜찮은데. / 재밌겠는데.

❹ いいよ。
좋아.

❺ また、今度ね。
다음에.

❻ おことわりします。
거절해야겠습니다.

Unit 05 사과하기

013 ごめん는 '미안'이라는 반말 표현입니다. 공손한 표현은 'ごめんなさい'라고 합니다.
014 過ち는 '잘못, 실수'라는 의미입니다. ～せい는 '～탓'이라는 뜻입니다.
015 大丈夫ですよ는 상대방에 실수에 대해 '괜찮아요'라는 표현입니다.

■ 핵심패턴 익히기

013 待たせて、ごめんね。

dialogue

A : 待たせて、ごめんね。
B : 大丈夫。ゆっくりしてね。

A : 기다리게 해서 미안해.
B : 괜찮아, 천천히 해.

귀찮게 해서 미안합니다.	→	ご迷惑かけて、申し訳ありません。
방해해서 미안합니다.	→	おじゃまして、申し訳ありません。
밤늦게 전화해서 죄송합니다.	→	_____

응용표현 정답 013 夜遅くお電話して、申し訳ありません。

014 私のせいです。

dialogue

A: 私のせいです。申し訳ありません。
B: 気にしないで、忘れてね。

A: 제 잘못이에요. 죄송합니다.
B: 신경 쓰지 마. 잊어버려.

제 실수입니다.	→	私の過ちです。
제 일입니다.	→	私の仕事です。
내 인생이야.	→	_____

015 大丈夫ですよ。

dialogue

A: すみません。私が足を踏みました。
B: 大丈夫ですよ。気にしないでください。

A: 죄송합니다. 제가 발을 밟았습니다.
B: 괜찮습니다. 신경 쓰지 마세요.

괜찮아.	→	大丈夫。
나쁘지 않아.	→	悪くはない。
멋지다.	→	_____

응용표현 정답 014 私の人生だよ。 015 すてき/かっこいい。

📌 상황표현 익히기

사과의 말할 때

① 私のせいだよ。(私の過ちだよ。)
내 잘못이야.

② 待たせてごめんね。
기다리게 해서 미안해.

③ どうか許してください。/許していただけませんか。
제발 용서해줘. / 제 사과를 받아주세요.

④ 二度とこんなことはない。
다신 이런 일 없을 거야.

⑤ 申し訳ありません。/お詫び申し上げます。
사과할게요. / 죄송합니다.

사과에 대한 응답할 때

① いいんですよ。
괜찮습니다.

② 気にしないで。
신경 쓰지 마.

③ 忘れてね。
그냥 잊어버려.

④ なんでもないですよ。ご心配なく。
신경 쓰지 마세요.

❺ 謝ってもらう必要はないよ。
사과할 필요 없어.

❻ 許せない。
용서할 수 없어.

상황별 사과의 예

❶ そのことについては申し訳なく思っています。
그 일에 대해서는 죄송하게 생각합니다.

❷ 遅くなってごめんなさい。
늦어서 미안합니다.

❸ すみません。私が間違えました。
죄송합니다. 제가 실수했습니다.

❹ 待たせてごめんなさい。
기다리게 해서 죄송합니다.

❺ おじゃまして、ごめんね。
방해해서 미안해.

❻ うっかり忘れた。
깜빡 잊었어.

Unit 06 물어보기(질문, 날씨, 시간)

016 ~があるよ는 '~이(가) 있어'라는 강조표현입니다.
017 どう는 여러 가지 의미로 사용되는 표현입니다. 여기서는 '어때?'라고 해서 상대방의 감정이나 의견을 묻는 의미로 사용되었습니다.
018 何時는 '몇 시'라는 의미입니다.

핵심패턴 익히기

016 ちょっと聞きたいことがあるんだけど。

dialogue

A : ちょっと聞きたいことがあるんだけど。
B : なに？

A : (나) 질문이 있어.
B : 뭔데?

난 꿈이 있어. → 私には夢があるんだ。

난 거기에 갈 권리가 있어. → 私はそこに行く権利があるんだ。

난 그녀랑 말할 기회가 없었어. → _____

정답 016 私は彼女と話す機会がなかった。

017 天気はどう？

dialogue

A: 天気はどう？
B: 蒸し暑いよ。
A: 天気予報がまたはずれたわね。一日中、雨が降るって言ったのに。

A: 날씨 어때요?
B: 후덥지근해요.
A: 일기예보가 또 틀렸네. 하루 종일 비 온다고 했는데.

가족들은 어때요(잘 지내세요)?	→	ご家族はどうですか。
내 운전 실력 어때?	→	私の運転の実力、どう？
학교생활은 어때?	→	_____

018 今、何時ですか。

dialogue

A: 今、何時ですか。
B: 7時15分です。

A: 지금 몇 시에요?
B: 7시 15분입니다.

오늘 며칠이에요?	→	今日は何日ですか。
무슨 요일이에요?	→	何曜日ですか。
이게 무슨 말이에요?	→	_____

정답 017 学校の生活は、どう？ 018 これは何の話ですか。

상황표현 익히기

질문할 때

① 聞きたいことがあるんだけど。
질문 있어.

② ちょっと聞いてもいいですか。
질문해도 되나요?

③ 質問してもよろしいですか。
질문해도 될까요?

④ 誰に聞いてみましょうか。
누구에게 물어볼까요?

⑤ よろしければ、いくつか伺いたいんですが。
괜찮으시다면, 몇 가지 물어보고 싶습니다.

⑥ もちろんです。聞いてみてください。
물론이죠. 물어보세요.

⑦ すみませんが、よくわかりません。
죄송하지만 잘 모르겠습니다.

날씨 물을 때

① 天気はどうですか。
날씨 어때요?

② 今週の天気予報、どうですか。
이번 주 일기예보가 어때요?

③ 天気予報がまたはずれたね。
일기예보가 또 틀렸네.

❹ いい天気だね。
(날씨가) 좋다.

❺ ひどく暑い(すごく寒い)。
엄청 덥다(춥다).

❻ 雨がふりそうだ。
비올 것 같다.

❻ 明日は晴れだと思う。
내일은 맑을 거다.

시간/날짜 물을 때

❶ 今、何時ですか。
지금 몇 시 인가요?

❷ 午前7時15分です。
오전 7시 15분입니다.

❸ 午前7時45分です。
오전 7시 45분입니다.

❹ 4時半だ。
4시 반이다.

❺ 今日は何日ですか。
오늘이 며칠이죠?

❻ 何曜日ですか。
무슨 요일이죠?

❼ 9月6日です。
9월 6일입니다.

❽ 水曜日です。
수요일입니다.

호칭

일본어는 기본적으로 자신이 속한 그룹이나 가족을 남 앞에서 높이지 않는다. 따라서 남의 그룹에 속한 사람이나 남의 가족을 부를 때의 호칭과 나의 그룹이나 내 가족의 호칭을 부르는 법이 각각 다르다.

일상적인 교제나 비즈니스 상황에서 다른 사람을 '～さん'이라고 부른다. 'さん'은 '～씨'에 해당하는 가장 흔한 호칭이다. 연령, 성별, 기혼, 미혼에 상관없이 쓸 수 있다.
그러나 공식적인 자리나 자신보다 높은 사람과 이야기 할 때는 상대방의 직함을 불러주는 것이 좋다.

1. 자신의 가족을 남에게 말할 때

私の	そふ	할아버지
	そぼ	할머니
	両親	부모님
	父	아버지
	母	어머니
	主人	남편
	家内	부인
	兄	형/오빠
	姉	언니/누나
	妹	여동생
	弟	남동생

2. 타인의 가족을 말할 때

00さんの	おじいさん	할아버지
	おばあさん	할머니
	ご両親	부모님
	お父さん	아버지
	お母さん	어머니
	ご主人	남편
	奥さん	부인
	お兄さん	형/오빠
	お姉さん	언니/누나
	妹さん	여동생
	弟さん	남동생

3. 일본의 직급

회장	会長
사장	社長
부사장	副社長
전무이사	専務取締役
상무이사	常務取締役
이사	取締役
부장	部長
차장	次長
과장/부장대리	課長／課長代理
계장/과장대리	係長／課長代理
부원/과원	部員
평사원	平社員

PART 2

인간관계 II

Unit 1 칭찬
Unit 2 축하
Unit 3 위로
Unit 4 격려
Unit 5 부탁 · 허락
Unit 6 진정
Unit 7 기타 상황(확인, 농담, 핀잔)
Tip - 주요 인사말

Unit 01

칭찬

019 ~たら、いいのに '~라면 좋을 텐데'라는 현재사실과 반대되는 소망을 할 경우에 사용합니다.
020 十分(じゅうぶん)는 '충분하다'라는 말이고 当然(とうぜん)은 '당연히(마땅히)'라는 뜻입니다
021 ありがとうございます '고맙습니다'라는 말입니다.

░ 핵심패턴 익히기

019 私(わたし)もあなたみたいだったら、いいのに。

dialogue

A : スタイルがいいね。私(わたし)もあなたみたいだったら、いいのに。
B : あまりお世辞(せじ)いわないで。

A : 너 몸매 정말 예쁘다. 너 였으면 좋겠다.
B : 너무 비행기 태운다(비행기 그만 태워).

당신과 결혼하면 좋을 텐데.	➡	あなたと結婚(けっこん)できたら、いいのに。
날 수 있으면 좋을 텐데.	➡	飛(と)べたら、いいのに。
그가 오면 좋을 텐데.	➡	_____

응용표현 **정답** 019 彼(かれ)が来(き)たら、いいのに。

020 お前にはこれをもらう資格が十分にあるよ。

dialogue

A : 私はこれをもらう資格がないよ。
B : そんなこと言わないで。お前にはこれをもらう資格が十分にあるよ。

A : (상을 받은 후에) 난 이걸 받을 자격이 없어.
B : 그런 말 하지 마. 너 그럴 자격이 충분해.

넌 상을 받을 자격이 충분해. → お前は賞をもらう資格が十分にあるよ。

넌 당연히 존중받아야 해. → お前は当然尊重されなきゃ。

너 마땅히 사랑받아야 하는 존재야. → _____

021 ありがとうございます。

dialogue

A : ご心配なく、私が代わりにします。
B : ありがとうございます。

A : 걱정하지 마세요. 제가 대신 해 줄께요.
B : 고맙습니다.

당신의 친절에 감사드립니다. → ご親切にありがとうございます。

(당신에게)감사드려요. → 感謝いたします。

당신의 서비스에 감사드립니다. → _____

정답 020 お前は当然愛されなきゃならない存在だ。　021 サービスがいいですね。ありがとうございます。

상황표현 익히기

외모를 칭찬할 때

① うらやましいね。
부럽다.

② 本当(ほんとう)にかっこいいですね。
정말 멋있어요.

③ よく似合(にあ)うよ。
당신과 잘 어울려요.

④ すてきね。
멋지네요.

⑤ すごくスタイルがいいよ。
몸매가 정말 멋지다(섹시하다).

⑥ ヘアスタイルがよく似合(にあ)うよ。
헤어스타일이 정말 잘 어울려요.

능력/공적을 칭찬할 때

① 本当(ほんとう)に頭(あたま)がいいね。
정말 똑똑해.

② 何(なん)でもできるね。
못하는 게 없구나.

③ あなたは最高(さいこう)です。
당신이 최고에요.

④ 本当にすごいですね。
당신은 정말 대단하군요.

⑤ あなたを誇りに思うよ。
네가 정말 자랑스럽다.

칭찬에 대한 답변

① やめて、照れるじゃない。
얼굴이 빨개질 것 같아.

② とんでもありません。
과찬이세요.

③ お世辞いわないで(おだてないで)。
비행기 좀 그만 태워.

④ お褒めの言葉、恐れ入ります。
당신의 칭찬에 감사드립니다.

⑤ そうおっしゃってくださってありがとうございます。
그렇게 말씀해 주시니 감사합니다.

⑥ 私はそんな資格がありません。
전 그럴 자격이 없어요.

⑦ 私を助けてくださったみなさまに心からお礼を申し上げたく思います。
저를 도와주신 분들께 감사의 인사를 전하고 싶습니다.

Unit 02 축하

022 'やった'는 어떤 일을 성취했을 때 나오는 말입니다. 뜻은 '해냈다'입니다.
023 おめでとうございます는 '축하합니다'라는 의미입니다.
024 お誕生日는 '생일'이라는 의미입니다.

핵심패턴 익히기

022 やった。

dialogue

A: やった。試験に受かった。

B: おめでとう。

A: 해냈어. 시험에 합격했어.
B: 정말 잘했다.

드디어 내가 해냈어. → ついに私がやり遂げた。

정말 잘했다. → 本当によくやった。

제 시간 내에 끝냈다. → _____

정답 022 時間内に終わった。

023 ご昇進、おめでとうございます。

dialogue

A: ご昇進、おめでとうございます。
B: ありがとうございます。信じられません。

A: 승진 축하드립니다.
B: 감사합니다. 믿을 수가 없군요.

축하해!	→	おめでとう！
결혼 축하해!	→	結婚、おめでとう！
졸업 축하해!	→	_____

024 お誕生日、おめでとう。

dialogue

A: びっくりしたでしょ？お誕生日、おめでとう。
B: みんな、本当にありがとう。思ってもみなかったよ。

A: 짜잔~ 놀랬지? (상대방이 예상치도 못한 생일 파티를 시작하며) 생일 축하해!
B: 얘들아, 너무 고마워. 생각지도 못했다.

새해 복 많이 받으세요.	→	明けましておめでとうございます！
기념일 축하해!	→	記念日、おめでとう！
크리스마스 잘 보내세요.	→	_____

정답 023 卒業、おめでとう！　024 すてきなクリスマスをすごしてね。

상황표현 익히기

축하의 상황 말할 때

① 今日は私の誕生日だよ。
오늘이 내 생일이야.

② 来月、結婚します。
다음 달에 결혼합니다.

③ 私は婚約しているよ。
나 약혼 했어.

④ 私、できちゃった。7ヶ月後に赤ちゃんを生むよ。
나 임신했어. 일곱달 뒤에 아이 낳을 거야.

⑤ プロジェクトが終わった。私がやりとげた！
프로젝트가 끝났다. 내가 해냈어.

⑥ とうとう、大学を卒業したよ。
드디어 대학 졸업했어.

⑦ その人、昇進したよ。
그 사람 승진했어.

축하의 말할 때

① よくやったね！
잘 했어! / 해냈구나!

② よかった。
잘됐다.

❸ よくなってうれしい。
잘돼서 기쁘다. 잘됐다.

❹ おめでとうございます！
축하해! / 축하합니다!

❺ ご昇進、おめでとうございます!
승진 축하합니다!

❻ ご結婚、おめでとうございます!
결혼 축하합니다!

❼ 合格、おめでとうございます!
합격을 축하합니다!

❽ ご卒業、おめでとうございます!
졸업 축하합니다!

특정일에 따른 인사 표현

❶ お誕生日おめでとう (誕生日、おめでとうございます)。
생일 축하해! / 생일 축하합니다!

❷ 明けましておめでとうございます。
새해 복 많이 받으세요!

❸ 楽しいバレンタインデーを過ごしてね!
발렌타인데이 잘 보내!

❹ メリークリスマス！
메리 크리스마스!

❺ 楽しいクリスマスになりますように(すてきなクリスマスを過ごしてね)。
크리스마스 잘 보내세요!

Unit 03 위로

025 よくなる는 '잘 되다'는 말입니다.
026 ご愁傷さま는 '삼가조의를 표합니다'라는 말입니다.
027 ~ないで는 '~하지 말고, ~하지 마'라는 의미입니다.

■ 핵심패턴 익히기

025 よくなると思うよ。

dialogue

A: 台風で家が全部壊れちゃった。
B: 残念だね。

A: 태풍이 집을 완전히 부쉈어.
B: 유감이야.

힘들 겁니다.	→ 大変だと思います。
아주 긴 밤이 될 거야.	→ とても長い夜になると思うよ。
아주 멋지게 될 거야.	→ _____

정답 025 とてもすてきになると思うよ。

026 ご愁傷さまです。

dialogue

A：すみませんが、会議に行けません。
　　ゆうべ祖母が亡くなりました。
B：ご愁傷さまです。

A：죄송하지만, 회의에 참석할 수가 없습니다. 간밤에 할머니가 돌아가셨습니다.
B：삼가조의를 표합니다.

제 사과를 받아주세요. → 私の謝罪を受け入れてください。

제 선물을 받아주세요. → 私のプレゼントを受け取ってください。

내 사랑을 받아줘. → _____

027 あまり落ち込まないで。

dialogue

A：私はもう盛りを過ぎたよ。年はもう隠せない。
B：あまり落ち込まないで。あなたはまだ若く見えるよ。

A：난 이제 한물갔어. 나이는 못 속이겠다.
B：너무 우울해 하지 마. 넌 아직도 젊어보여.

포기하지 마. → あきらめないで。

걱정하지 마. → 心配しないで。

일 그르치지 마. → _____

정답 026 私の愛（プロポーズ）を受けてください。　027 事をしくじるな。(事を失敗するな。)

상황표현 익히기

유감의 표현할 때

① 残念だね。
저런. / 안됐네.

② ああ、最悪！
저런 최악이야!

③ 運が悪かった。
운이 나빴어요.

④ お気の毒に。(かわいそうに。)
안됐네!(불쌍하게도.)

⑤ なんて残念なんだ。
너무 유감이다.

위로의 말할 때 I

① 大丈夫よ。
괜찮아.

② なんでもない。
아무것도 아니야.

③ 君の気持ち、分かるよ。
그 심정 이해해.

④ すべてがうまくいくよ。
다 잘 될거야.

❺ よくなるよ。
좋아질 거야.

❻ うまくいくよ。
잘 될 거야. / 괜찮을 거야.

❼ 時間が解決してくれるよ。
시간이 해결해 줄 거야.

❽ ほっといてくれ。/ 気にしないで。
그냥 그대로 둬. / 신경쓰지 마.

위로의 말할 때 II

❶ がんばれ！
기운 내. / 힘내.

❷ 元気出して。
기운 내.

❸ そんなに落ち込むな。
너무 우울해 하지 마.

❹ 心配するな。
걱정 마.

❺ そうすると気が晴れるよ。
그러면 기분이 좀 나아질 거야.

Unit 04 격려

- 028 うまくやれる는 '잘 될 수 있다'라는 표현입니다.
- 029 お祈りします 는 '기원합니다, 기도합니다'라는 말입니다.
- 030 〜はず 는 '(당연히) 〜것이다'라는 의미입니다. 이 말을 사용하면 당연성이 강조됩니다.

핵심패턴 익히기

028 きっとうまくやれるわ。

dialogue

A: このポスターに音楽コンテストが今度の4月に行われるって書いてあるよ。
B: 一度やってみて。きっとうまくやれるわ。
A: そういってくれると本当に力が出てくるよ。

A: 이 포스터에 음악콘테스트가 이번 4월에 열린다고 쓰여 있네.
B: 한번 참여해봐. (너는) 정말 잘할 거야.
A: 그렇게 말해 주니까 정말 힘이 난다.

넌 잘할 거야. → あなたならできるわ。

넌 대통령이 될 거야. → 君なら大統領になれるよ。

넌 주목받을 거야. → _____

정답 028 君なら注目されるよ。

029 うまくいくようにお祈りします。

dialogue

A : 会社をやめて、自分の事業を始めようと思います。
B : うまくいくことをお祈りします。

A : 회사 그만 두고 제 사업을 시작하려고 합니다.
B : 하시는 일 모두 이루어지길 바랍니다.

당신이 괜찮길 바래요. → あなたがよくなることをお祈りします。

그의 제안이 잘 되길 바래요. → 彼の提案がうまくいくことをお祈りします。

(상대방의 말에 동의하며) → _____
나도 그렇길 바래.

030 この次はきっとうまくいくはずだよ。

dialogue

(試合に負けた後で)
A : この次はきっとうまくいくはずだよ。

(시합에 진후에)
A : 나는 네가 다음번에는 분명히 잘 할 거라고 확신해.

당신이 옳다고 확신합니다. → あなたが正しいはずです。

그가 반드시 돌아올 → 彼は必ず帰ってくるはずです。
것이라고 확신합니다.

그녀가 지금 TV를 보고 → _____
있을 거라 확신해.

정답 029 私もそうお祈りするわ。　030 彼女は今、テレビを見ているはずだよ。

상황표현 익히기

격려의 말할 때 I

① よくできたね。
참 잘했어!

② よくやったね。
잘했어!

③ 頑張れ。/ファイト。
잘 해. / 파이팅.

④ 私はあなたを信じるよ。
난 널 믿어.

⑤ 私はあなたの味方だよ。
난 네 편이야.

⑥ きっと大丈夫だよ。
괜찮을 거야.

⑦ 君ならできるよ。
너라면 잘 할 거야.

격려의 말할 때 II

① 一度やってみて。
한번 해봐.

② もう一度やってみるんだ。
다시 한번 시도해봐.

❸ 頑張ってください。
열심히 하세요.

❹ あなたの願い事がかなうようにお祈りします。
당신의 소원이 이루어지길 바래요.

❺ 気を落とさないで。
기죽을 필요 없어.

경기 응원할 때

❶ その調子。
잘하고 있어!

❷ よくやった。
잘했어!

❸ 元気出して。
힘내.

❹ 一度、私の腕前を見せてやろうか。
한번 맛 좀 볼래?

❺ こら！かかって来い。
덤벼봐!

Unit 05

부탁 · 허락

- **031** ~てもらえない는 '~해 주지 않을래'라는 친한 사이에 사용하는 표현입니다.
- **032** お願いします는 '부탁 드립니다'라는 공손한 표현입니다.
- **033** ~てください는 '~해 주세요'라는 표현입니다. 더 공손한 표현은 'ていただけませんか'입니다.

■ 핵심패턴 익히기

031 お金、貸してもらえない？

dialogue

A : お金、貸してもらえない？
B : ごめん、私も余裕ないよ。

A : 돈 좀 빌려줄래?
B : 미안해. 나도 여유 돈이 없어.

사진 좀 찍어주실래요?	→	写真を撮ってもらえませんか？
문 좀 열어주실래요?	→	ドアを開けてもらえませんか？
이 공에 사인해 주시겠어요?	→	_____

응용표현 **정답** 031 このボールにサインしてもらえませんか。

032 お願いがあるんですが。

dialogue

A: お願いがあるんですが、聞いていただけませんか。
B: もちろんですよ。何でも言ってください。

A: 부탁 좀 들어주시겠어요?
B: 물론이죠, 말씀해 보세요.

(지금 하고 있는 일을)대신 해 주시겠어요? → (今、している仕事を) 代りにしていただけませんか。

이게 무엇인지 말씀해 주시겠습니까? → これが何だか言っていただけませんか。

창문 좀 열어 주시겠어요? → _____

033 私ができることあれば、いつでも言ってください。

dialogue

A: 私ができることあれば、いつでも言ってください。
B: ありがとう。そうするよ。

A: 도움이 필요하면 알려줘.
B: 고마워, 그렇게.

제 소개를 하겠습니다. → 自己紹介をさせていただきます。

가게 해줘. → 行かせて。

휴대폰 번호를 알려주시겠어요? → _____

정답 032 窓を開けていただけませんか。 033 携帯番号を教えていただけますか。

상황표현 익히기

부탁/허락 구할 때

❶ 席が空いていますか。
자리 있어요?

❷ ここに座ってもいいですか。
앉아도 될까요?

❸ よろしければ、ここに座ってもいいですか。
괜찮으시다면, 여기 앉아도 될까요?

❹ たばこを吸ってもいいですか。
담배 펴도 될까요?

❺ かばんを開けてくれませんか。
가방 좀 열어봐 주시겠습니까?

❻ すみませんが、写真を撮ってくれませんか。
실례지만(죄송하지만), 사진 좀 찍어 주시겠습니까?

도움 청할 때

❶ ちょっと手を貸してくれますか。
도와줄래요? / 거들어 줄래요?

❷ お願いを聞いてくれませんか。
부탁 좀 들어주시겠습니까?

❸ お願いしてもいいですか。
부탁 좀 해도 될까요?

❹ いいよ。何？
그럴게(도와줄게). 뭔데?

❺ すみません。
죄송합니다.

❻ できませんね。
안되겠습니다.

❼ 申し訳ないですが、だめですね。
죄송하지만 안 되겠네요.

도움을 제의할 때

❶ 何か、私にできることありますか。
도울만한 일이 없을까요?

❷ 必要であれば、いつでも呼んで。
도움이 필요하면 바로 불러.

❸ 必要なものがあれば、すぐに言って。
필요한 거 있으면 바로 말해.

❹ うん、手伝って。
그래, 도와줘.

❺ お言葉だけでもありがたいです。
뜻은 고마워요.

❻ 提案はありがたいですが、私、一人でできますよ。
제안은 고맙지만, 혼자 할 수 있어요.

Unit 06 진정

034 落ち着け는 명령문으로 상대방에게 '진정해'라고 말 할 때 사용합니다.
035 ～な는 '～하지마'라는 동사의 기본형에 접속해서 사용하는 부정의 명령형입니다.
035 何～てる는 '무엇～하고 있니?'라는 뜻입니다.

핵심패턴 익히기

034 落ち着け。

dialogue

A : あいつに私の絵を盗まれた。殺してやる。
B : 落ち着け。

A : 그 자식이 내 그림을 훔쳐갔어. 죽여버릴꺼야
B : 진정해.

현명하게 굴어라.	→ 大人になれ。
좀 쉬어라.	→ ちょっと休め。
나를 봐.	→ _____

정답 034 私を見ろ。

035 文句言うな。

dialogue

A: これは不公平だよ。私の方がその人よりすぐれているのに。なんで？いったいなんで？
B: 文句言うな！

A: 이건 불공평해. 난 그 사람보다 나아. 왜? 도대체 왜?
B: 불평 그만해!

우리 엄마한테 그만 좀 얘기해라.	→	うちの母に話するのはほどほどにして。
담배 좀 그만 피워라.	→	たばこはほどほどにして。
거짓말 좀 그만해.	→	_____

036 不満でもあるの？

dialogue

A: 不満でもあるの？
B: 何でもない。ただ、疲れているだけ。

A: 뭐가 불만인 거니?
B: 아무 것도 아냐. 그냥 피곤해.

무슨 얘기 하고 있는 거야?	→	何の話をしているの？
무엇에 대해 논의하고 있는 거야?	→	何について話し合っているの？
무슨 생각해?	→	_____

응용표현 정답 035 うそもほどほどにして。 036 何を考えてるの？

상황표현 익히기

상대방 진정 시킬 때

① 落ち着いて！
진정해.

② 冷静になって。
진정해라, 침착해.

③ かっとしないで。
열 받지 마.

④ 怒るな。
화내지 마.

⑤ 前向きに考えて。
좋게 생각해.

⑥ こんなふうに考えてみて。
이렇게 생각해봐.

불평/화내는 이유에 대해 이야기할 때

① 誰かに腹を立ててるみたいだね。なんで。
누군가에게 화가 났나보네. 왜 그래?

② なぜ、怒ったの？
왜 화났어?

③ 何で頭にきたの？
뭣 때문에 열 받았어?

④ 何でプンプンしているの？
뭣 때문에 씩씩거려?

⑤ お前が気にさわる事をするじゃないか。
네가 내 신경을 거슬리잖아.

⑥ 悪気はなかったんだよ。
악의는 없었어.

⑦ 気分悪くしたら、ごめんね。
기분 상하게 했다면 미안해.

불평하지 말라고 할 때

① もうやめて。
그만 해!

② 頼むから、やめとけよ。
제발 그만 해.

③ もうやめてください。
이제 그만 하세요.

④ ばかなまねはよしなさい。
바보 같이 굴지 마.

⑤ ばかげたことだよ。/ 弱音を吐くな。
부질없는 짓이야. / 징징거리지 마.

⑥ そんなこと言うな。
그런 소리 하지 마.

⑦ 文句言うな。
불평 그만해.

Unit 07

기타 상황(확인, 농담, 핀잔)

- **037** わかりますか는 상대방이 내가 한 말을 이해했는지 알고 싶을 때 사용합니다.
- **038** ～でしょ는 '～하는 거지'라는 추측의 표현입니다.
- **039** しっかりして는 '정신 차려'라는 의미입니다.

■ 핵심패턴 익히기

037 何の話かわかりますか。

dialogue

A: 何の話かわかりますか。
B: 聞いています。続けて話してください。

A: 무슨 말인지 이해하겠어요?
B: 듣고 있습니다. 계속 말씀하세요.

내가 하는 말 이해하겠어요?	→ 私の言うことがわかりますか。
무슨 이야기 하고 있는지 알겠어요?	→ 何の話か、わかりますか。
이 책의 작가가 말하는 바를 이해하시나요?	→ _____

정답 037 この本の作家の言いたいことがわかりますか。

038 冗談でしょ?

dialogue

A: 何がほしいの？ほしいものなら、何でも買ってあげるよ。
B: 冗談でしょ？

A: 뭘 원해? 네가 원하는 것 모두 사줄게.
B: 농담하는 거지?

농담이지. → 冗談だよね。

나는 요리하고 있어. → 私は料理をしている。

그는 그녀와 사귀고 있어. → _____

039 しっかりして。

dialogue

A: 私の王子さまはどこにいるのかな。
B: しっかりして。

A: 내 왕자님은 어디에 계시나~
B: 정신 좀 차려라!

철 좀 들어라! → 大人になれ。

꿈 깨! → 現実を見ろ。(夢から覚めろ。)

최선을 다해라! → _____

정답 038 彼は彼女と付き合っているよ。　039 ベストを尽くせ。

■ 상황표현 익히기

상대방이 듣고 있는지 확인할 때

① わかったの？
알아들었어?

② 私の言うことがわかりますか。
제 뜻 알겠어요?

③ 私が何を話しているか、わかりますか。
무슨 말하고 있는지 알겠어요?

④ はい、聞いています
듣고 있어요.

⑤ 続けてください。
계속하세요.

농담에 대해 반응할 때

① ありえない。
말도 안 돼. / 그럴 리가.

② 冗談だよ。
농담한 거야.

③ それは冗談だよ。
그건 농담이야.

④ 冗談だよね？
농담하는 거지?

❺ 正気か？
しょうき
진심이야?

❻ 冗談が行き過ぎたみたいです。
じょうだん　い　す
농담이 지나친 것 같습니다.

핀잔줄 때

❶ 生意気いうな。
なまいき
건방지게 굴지마!

❷ 大人になれ。
おとな
철 좀 들어라.

❸ しっかりしろ。
정신 좀 차려라!

❹ 信じられない。
しん
말도 안 돼!

❺ ちゃんとやれ。
정신차려.

❻ しっかりして。
정신차려라.

주요 인사말

아침에 만났을 때	おはようございます。
점심에 만났을 때	こんにちは。
저녁에 만났을 때	こんばんは。
헤어질 때(안녕)	さようなら。
권할 때(부디)	どうぞ。
감사할 때(매우 고맙습니다)	どうもありがとうございます。
사과할 때(대단히 죄송합니다)	どうもすみません。
축하할 때(축하합니다)	おめでとうございます。
집을 나설 때(다녀오겠습니다)	行ってきます
남의 집을 방문할 때(죄송합니다)	ごめんなさい。
처음 만났을 때(처음 뵙겠습니다)	はじめまして。

일본에서 가장 널리 이용되는 기본적인 인사표현이다.

〈아침, 점심, 저녁인사말〉
한국말과는 다르게 아침, 점심, 저녁인사말이 존재한다. 아침 인사말인 [おはようございます]는 줄여서 [おはよう]라고도 한다.

〈さようなら〉
헤어질 때 하는 인사말이다. 조금 긴 기간을 헤어질 때 사용한다. 바로 만나거나 할 경우는 격의 없는 사이에는 [じゃ、また]라는 인사말을 나눈다.

〈どうぞ〉
상대방에게 뭔가를 권유할 경우에 사용한다. 다양한 상황에서 사용할 수 있는 표현이다.

〈すみません〉
본래는 사과의 뜻으로 [미안합니다]정도의 뜻을 나타내는 말인데, 누군가를 부르는 소리로 [여보세요]라는 말로 많이 쓰인다. 그러나 전화상의 [여보세요]는 [もしもし]라고 해야 한다.

〈どうも〉
[どうもありがとうございます(매우 감사합니다)]나 [どうもすみません(대단히 죄송합니다)]라는 표현을 간단하게 [どうも]하고 할 수 있다.

〈行(い)ってきます〉
[다녀오겠습니다]라는 인사말로 이에 상응하는 인사말로는 〈いってらっしゃい〉가 있다. 뜻은 [다녀오세요]이다.

〈ごめんなさい〉
원래는 [미안합니다]라는 의미이나, 남의 집을 방문할 때 [실례합니다]라는 말로 사용한다.

PART 3

여가

Unit 1 영화

Unit 2 웰빙

Unit 3 책/음반

Unit 4 스포츠/전시회관람

Unit 5 여행1

Unit 6 여행2

Unit 7 야외활동

Tip - 권유와 거절

Unit 01

영화

040 ~中는 '~중'이라는 의미입니다. 따라서 上映中는 '상영중'이라는 말입니다.
041 どんな~好き는 '어떤 것이 ~좋아?'라는 상대방의 취향이나 기호를 물어보는 표현입니다.
042 どうでしたか는 '어땠어요?'라는 뜻의 과거표현입니다.

■ 핵심패턴 익히기

040 今、上映中の映画は何？

dialogue

A : 今、上映中の映画は何？
B : 今、『グエムル』を上映中だよ。なかなか評判がいいんだって、それ見る？

A : 지금 상영 중인 영화가 뭐야?
B : 지금 '괴물'이 상영중이야. 평론이 꽤 좋던데. 그거 볼래?

TV에서 또 뭐해?	➡	テレビでまた何してるの？
네 맘속에 있는 게 뭐야? (= 네가 생각하는 게 뭐야?)	➡	あなたが考えていることは何？
목록에 또 뭐가 있어?	➡	_____

응용표현 정답 040 リストにまた何かある？

041 どんな映画が好き？

dialogue

A: どんな映画が好き？
B: ロマンティック・コメディが好き！あなたは？

A: 어떤 영화를 좋아해요?
B: 로맨틱 코미디를 좋아해요. 그쪽은요?

어떤 머리 스타일을 좋아해요? → どんなヘアスタイルが好きですか。

어떤 아이스크림을 좋아해요? → どんなアイスクリームが好きですか。

어떤 TV 프로그램을 좋아해요? → _____

042 映画はどうでしたか。

dialogue

A: 映画はどうでしたか。
B: とても退屈だったよ。それに途中で居眠りもしたし。

A: 영화 어땠어요?
B: 너무 지루했어요. 심지어 중간에 졸기도 했어요.

그거 어땠어요? → それはどうでしたか。

'스파이더맨 3' 예고편 어땠어요? → 『スパイダーマン3』の予告編はどうでしたか。

파리에서 묵은 호텔은 어땠어요? → _____

정답 041 どんなテレビ番組が好きですか。 042 パリで泊まったホテルはどうでしたか。

상황표현 익히기

영화기호

① 映画見に行こう。
영화 보러 가요.

② 映画館にはどれくらいよく行きますか。
극장에 얼마나 자주 가요?

③ この映画、見たことがありますか。
이 영화 전에 본 적 있어요?

④ 映画を見に行くのが好きですか。
영화 보러 가는 것 좋아해요?

⑤ 見たい映画がありますか。
보고 싶은 영화 있어요?

⑥ 今まで3ヶ月間、映画館へ行く暇がありませんでした。
지난 세 달 동안 극장에 갈 시간이 없었어요.

⑦ 映画館へ行くよりDVDを見るのがもっと好きですよ。
극장에 가는 것보다 DVD를 보는 게 더 좋아요.

영화 보기 전

① どんなジャンルの映画が見たいですか。
어떤 종류의 영화 보고 싶어요?

② 今、上映中の映画はなんですか。
지금 상영 중인 영화가 뭐에요?

③ 私はフランス/ホラー/ドキュメンタリーが好きです。
저는 프랑스/공포/다큐멘터리 영화가 좋아요.

❹ 私はスプラッター/アクション/SF映画はあまり好きじゃないんです。
난 피투성이/액션/SF 영화는 별로에요.

❺ 11時の「グエムル」を大人2枚ください。
11시 '괴물' 성인 2장 주세요.

❻ 映画について聞いたことありませんか。
영화에 대해서 들은 거 없어요?

영화 본 후에

❶ 何についての映画でしたか。
뭐에 관한 영화였어요?

❷ 映画はどうでしたか。
영화 어땠어요?

❸ 終りの部分だけのぞけば、悪くないです。
끝부분만 제외하면 나쁘지 않았어요.

❹ 映画での音楽がよかったです。
영화에서 음악이 좋았어요.

❺ ストーリーが本当にがっかりだったよ。
구성이 정말 실망스러웠어요.

❻ この映画には、かなりがっかりしました。
이 영화에 너무 실망했어요.

❼ ルネーは自分の役をとてもよく演じていたよ。
르네는 자기역할을 너무 잘 연기했어요.

❽ この映画は5点満点のうち5点もらえる価値があるよ。
이 영화 5점 만점에 5점 받을 만해요.

Unit 02 웰빙

043 ~そうに見える는 '~처럼 보인다'라는 표현입니다.
044 週に何回는 '일주일에 몇 번'이라는 의미입니다.
045 ~じゃない？는 '~지 않았니?' 과거의 습관이나 행동에 대해 상대방에게 확인할 때 사용합니다.

핵심패턴 익히기

043 元気そうに見えるよ。

dialogue

A: よう子、久しぶり。どうしてたの？とてもすらっとして、元気そうに見えるよ。
B: そう見える？ありがとう。最近ヨガをし始めたの。

A: 요코, 오랜만이다. 와! 뭐하고 지낸 거야? 너 너무 날씬하고 건강해 보인다.
B: 그래 보여? 고마워. 최근에 요가를 하기 시작했거든.

너 좋아 보인다. → 元気そうに見えるよ。

너, 네 나이보다 훨씬 → 本当の年よりずっと若く見えるよ。
어려 보인다.

잘 아는 사람처럼 보여요. → _____

정답 043 昔から知っているみたいに見える。

044 そう？週に何回お灸するの？

dialogue

A: そう？週に何回お灸するの？
B: そんなによくじゃないよ。一週間に一回くらい。

A: 그랬어? 그래, 일주일에 몇 번 뜸 뜨는데?
B: 그렇게 자주는 아니야. 일주일에 한 번 정도.

일주일에 몇 번 영어 공부하세요?	→	週に何回英語の勉強をしますか。
부모님은 일주일에 몇 번 봬요?	→	週に何回両親に会いますか。
버스는 몇 분간격으로 와요?	→	_____

045 肉を食べてたじゃない。

dialogue

A: あなたも知っているとおり、食事のたびに、肉を食べてたじゃない。
B: それが聞きたかったんだ。なんでベジタリアンになったの？

A: 너도 알다시피, 나 매끼마다 고기를 먹었었잖아.
B: 그게 내가 물어보려던 거야. 왜 채식주의자가 된거야?

저는 비서로 일했었어요.	→	私は秘書として働きました。
우리 엄마도 운전을 했었어요.	→	母も運転していました。
그는 여기 매일 오곤 했었어요.	→	_____

정답 044 バスは何分間おきに来ますか。　045 彼は毎日ここに来たものでした。

상황표현 익히기

체력관리

❶ 健康のために、何をしますか。
건강을 위해서 뭘 하세요?

❷ 規則的に運動しますか。
규칙적으로 운동하세요?

❸ 今月、ヨガクラスに登録しました。
이번 달에 요가수업을 끊었어요.

❹ 寝る前にストレッチだけします。
잠자기 전에 그냥 스트레칭만 해요.

❺ 運動はほとんどしません。
운동은 거의 안 해요.

❻ ベリーダンスを始めようかと思ってるところだよ。
벨리댄스를 시작할까 생각 중이야.

마사지/아로마 테라피

❶ お灸について一度も聞いたことがありません。
뜸에 관해 한번도 들어본 적이 없어요.

❷ お灸のしかたが分かりますか。
뜸 뜨는 법 알아요?

❸ どのくらいよくお灸をしますか。
얼마나 자주 뜸을 떠요?

❹ いったい、あなたの背中のその痕はなんだい？
도대체 네 등에 그 자국들은 뭐야?

❺ お灸の痕は1ヶ月以内になくなりますよ。
뜸자국은 한 달안에 없어질 거예요.

❻ 私は最近、アロマテラピーに、はまっているんです。
저는 요즘 아로마 테라피에 푹 빠져 있어요.

자연주의

❶ 有機農野菜はどこで買えますか。
유기농 채소들은 어디서 살 수 있나요?

❷ 有機農の食べ物だけ食べていたら、喘息が治りました。
유기농 음식만을 먹었더니 천식이 나았어요.

❸ 私もしばらくの間、ベジタリアンでした。
저는 한때 채식주의자였어요.

❹ 食べ物についてうるさく言うのは、ばかなことだと思うよ。
음식에 대해 너무 까다롭게 구는 건 어리석다고 생각해.

❺ ここに引っ越す前は、顔にふきものが多かったんです。
여기로 이사 오기 전에는 얼굴에 뾰루지가 많았어요.

Unit 03 책/음반

046 つもり는 자신의 의지를 나타내는 표현으로 '~할 생각, 예정'으로 사용합니다.
047 どうして는 '어째서, 왜'라는 말로 이유나 원인을 물어볼 때 사용합니다.
048 発売される는 '(음반등이) 발매되다'라는 표현입니다. 영화 등이 개봉될 경우에는 公開される라는 표현을 씁니다.

핵심패턴 익히기

046 今日の午後、何するつもり？

dialogue

A：今日の午後、何するつもり？
B：本を読むつもり。

A：오늘 오후에 뭐 할 거야?
B：책 읽을 거야.

오늘 뭐 할 거야?	→	今日、何するつもり？
오늘 밤에 뭐 할 거야?	→	今晩、何するつもり？
이번 여름휴가 때 뭐 할 거야?	→	_____

응용표현 정답 046 今度の夏休み、何するつもり？

047 どうして本を読むのが好き？退屈じゃない？

dialogue

A：どうして本を読むのが好き？退屈じゃない？
B：ぜんぜん。読書は私の心を豊かにしてくれるもの。

A : 넌 왜 책 읽는 걸 좋아하는 거야? 지루하지 않아?
B : 전혀. 독서는 나의 영혼을 풍부하게 해 주는 걸.

그녀 어디가 그렇게 좋아?	→	彼女のどこがそんなに好き？
남자들은 왜 그렇게 여자를 좋아하는 거지?	→	男たちはどうしてそんなに女好きなの？
여자들은 저 녀석 어디가 그렇게 좋은 거야?	→	_____

048 今週、ブリトニーの新しいアルバムが発売されるのよ。

dialogue

A：なんでそんなに気分がいいの？
B：今週、ブリトニーの新しいアルバムが発売されるのよ。

A : 뭐가 그렇게 좋아?
B : 이번주에 브리트니의 새 앨범이 나오거든.

영화가 토요일에 개봉합니다.	→	土曜日に映画が公開されます。
대통령 성명이 이달 안에 발표됩니다.	→	大統領の声明が今月中に発表されます。
새 TV 쇼가 3주안에 공개됩니다.	→	_____

정답 047 女たちはあいつのどこがそんなに好きなの？ 048 新しいTVショーが3週間以内に公開されます。

상황표현 익히기

독서

① 私は雑誌を見るのが好きです。
저는 잡지 보는 걸 좋아해요.

② 今日の午後、何をするつもりですか。
오늘 오후에 뭐할 거예요?

③ 小説を買いに行くつもりです。
소설책 좀 사러 갈 거예요.

④ チラシがすごくたくさん挟んである本は、買わないんです。
광고지가 너무 많이 끼워져 있는 책은 사지 않아요.

⑤ 私は、正直なところ雑誌よりは付録に興味がたくさんあります。
저는 사실 잡지보다는 부록에 더 관심이 많아요.

⑥ 私は吉本ばななの文体が本当に好きです。
저는 요시모토 바나나의 집필 스타일을 정말 좋아해요.

음악

① どんな音楽が好きですか。
어떤 음악을 좋아해요?

② 私はジャズが好きです。
저는 재즈를 매우 좋아해요.

③ 音楽はあまり好きじゃありません。
음악은 별로 좋아하지 않아요.

❹ 私は彼女の熱烈なファンです。
저는 그녀의 열렬한 팬이에요.

❺ 私はたびたび、歌の歌詞に感動します。
저는 종종 노래 가사에 감동받아요.

❻ 私は音感がいいです。
저는 음감이 좋아요.

독서/음악 감상

❶ どんなジャンルの本が好きですか。
어떤 종류의 책을 좋아하세요?

❷ 何についての本でしたか。
뭐에 관한 책이었어요?

❸ フランスの小説は、分かりにくいですよ。
프랑스 소설들은 내가 이해하기에는 무척 어려워요.

❹ 今度の小説は、彼の前作とすごくちがいます。
이번 소설은 그의 전작들과 많이 달라요.

❺ 彼の歌を聞くたびに、泣きたくなります。
그의 노래를 들을 때마다 울고 싶어져요.

Unit 04 스포츠/전시회관람

- **049** ~より~方が '~보다 ~쪽을 (더)'라는 표현입니다.
- **050** ~ありますか는 '있습니까?'라는 말입니다.
- **051** それが~だよ '그것이 ~이지'라는 뜻입니다.

핵심패턴 익히기

049 運動するより見る方がもっと好きです。

dialogue

A : 運動が好きですか。

B : うーん、そんなに好きじゃありません。運動するより見る方がもっと好きです。

A : 운동 좋아해요?
B : 음, 그렇게 좋아하지는 않아요. 운동하는 것보다 보는 것을 더 좋아해요.

응용표현

말하는 것보다 듣는 걸 좋아해요. → 話すより聞く方が好きです。

분홍색보다는 파란색을 좋아해요. → ピンクよりブルーの方が好きです。

스타벅스보다는 커피빈이 좋아요. → _____

정답 049 スターバックスよりはコーヒービーンの方が好きです。

050 今晩のチケットがありますか。

dialogue

A: いつの公演がよろしいですか。
B: 今晩のチケットがありますか。

A: 며칠 공연을 보고 싶으세요?
B: 오늘 밤 표가 있나요?

해결책이 있나요? → 解決策はありますか。

보상이 있나요? → 補償がありますか。

남은 방이 있나요? → _____

051 それが人生だよ。

dialogue

A: この映画、とても感動的だけど、あまりに悲しすぎるよ。
B: それが人生だよ。

A: 이 영화 너무 감동적이지만 너무 슬펐어.
B: 그게 인생이지.

그게 인생이지. → それが人生だよね。

그게 그들이 일하는 방식이야. → それが彼らの仕事のやり方だよ。

그게 네가 일하는 방식이지. → _____

정답 050 空き部屋がありますか。 051 それがあなたの仕事のやり方だね。

상황표현 익히기

매표소에서

① ミュージカルは、いつ始まりますか。
뮤지컬이 언제 시작하나요?

② ミュージカル/映画/演劇の公演時間はいつですか。
뮤지컬/영화/연극 공연시간이 언제인가요?

③ 競技は何時にありますか。
경기가 몇 시에 있어요?

④ ミュージカルは、毎日午後4時、7時に公演します。
뮤지컬은 매일 오후 4시, 7시에 공연합니다.

⑤ すべてのチケットが売り切れました。
모든 티켓이 매진입니다.

관람 전

① 入り口はどこですか。
입구가 어디인가요?

② 前もって、チケットを買わなければなりません。
미리 표를 사셔야 합니다.

③ 座席の案内図がありますか。
좌석 안내도가 있나요?

④ 途中で休みがありますか。
중간에 휴식시간이 있나요?

❺ ここの席、空いていますか。
여기 자리 있나요?

관람 후

❶ 今は、バスケットボールの方が好きです。
이제는 농구가 좋아요.

❷ 何点になりましたか。
점수가 어떻게 돼요?

❸ イギリスがフランスに３対２で勝ちました。
잉글랜드가 프랑스를 3대 2로 이겼어요.

❹ 引き分けで終わりました。
무승부로 끝났어요.

❺ 韓国が負けたけど、試合は本当によくやったよ。
한국이 지긴 했지만 경기는 정말 잘했어.

Unit 05 여행1

052 ~そうだ는 남에게 들어서 알고 있거나 남에게 전할 때 사용하는 표현입니다. '~라고 듣다' 라고 해석합니다.

053 どのくらい는 '얼마나'라는 의미로 금액이나 시간에 관해 물어볼 때 사용합니다.

054 どこにありますか는 '어디에 있습니까?'라는 의미로 사용합니다.

■ 핵심패턴 익히기

052 明日、スペインに行くそうだね。

dialogue

A: こんにちは。ようこ、明日スペインに行くそうだね。
B: うん、本当に楽しみだわ。

A: 안녕, 요코 너 내일 스페인으로 여행 간다고 들었어.
B: 응, 정말 기대돼!

응용표현

엄마가 편찮으시다고 들었어.	➡	お母さんの具合が悪いそうだね。
초콜릿이 건강에 안 좋다고 들었어.	➡	チョコレートは健康によくないそうだね。
이 영화 매우 감동적이라고 들었어.	➡	_____

 정답 052 この映画、とても感動的だそうだね。

053 手数料がどのくらいになりますか。

dialogue

A: 手数料がどのくらいになりますか。
B: 全体の金額の３％です。

A: 수수료가 얼마나 되나요?
B: 전체 금액의 3%입니다.

안에 얼마나 있어?	→	中にどのくらい入っているの？
얼마가 너무 많은 거야?	→	どれくらいが多いっていえるの？
얼마를 원해?	→	_____

054 近い公衆電話はどこにありますか。

dialogue

A: 近い公衆電話はどこにありますか。
B: ここからあまり遠くないです。この道をまっすぐ行ってください。曲がり角の少し前にあります。

A: 가까운 공중전화가 어디에 있나요?
B: 여기서 별로 멀지 않아요. 이 길을 쭉 따라가세요. 모퉁이 바로 전에 있어요.

그거 어디 있어?	→	それ、どこにある？
돈 어디 있어?	→	お金、どこにある？
발렌시아가 어디에요?	→	_____

정답 053 どのくらいほしいの？ 054 バレンシアはどこですか。

상황표현 익히기

호텔에서 체크인/체크아웃

① 予約されましたか。
예약하셨나요?

② 3日間、シングルルームを一つ、予約したんです。
3일 동안 싱글룸 하나를 예약했는데요.

③ 今晩、空き部屋ありますか。
오늘 밤 묵을 방이 있나요?

④ チェックアウトしようと思います。
체크아웃을 하려고 합니다.

⑤ ゆったりおくつろぎになりましたか。
편히 지내셨나요?

⑥ このホテルで、ゆったりくろつぎました。
이 호텔에서 정말 잘 지냈습니다.

⑦ 私の荷物を預かっていただけませんか。
제 짐 좀 맡아주시겠어요?

환전소

① 両替所はどこですか。
환전소가 어디입니까?

② トラベラーズチェックももらえますか。
여행자수표도 받습니까?

❸ このトラベラーズチェックを現金に換えたいです。
이 여행자수표를 현금화하고 싶어요.

❹ 手数料はいくらですか。
수수료가 얼마입니까?

❺ こまかいお金を少し入れてください。
잔돈을 좀 섞어 주세요.

❻ 1ドルを50枚ください。
1달러짜리 50장으로 주세요.

❼ こちらにサイン、おねがいします。
여기에 서명 좀 해주세요.

길에서

❶ ここから一番近い観光案内所はどこですか。
여기서 가장 가까운 관광안내소가 어디에요?

❷ この近くに公衆トイレはありますか。
이 근처에 공중화장실이 있나요?

❸ 安い宿をさがしていますが。
저렴한 숙소를 찾고 있는데요.

❹ ここに行く道を教えてください。
여기로 가는 길 좀 알려주세요.

❺ 私がお送りしますよ。
내가 태워다 줄게요.

Unit 06 여행2

055 ～なければなりませんか는 '~해야만 합니까?'라는 표현입니다.
056 出発します는 '출발 합니다'라는 의미입니다.
057 何が一番은 '무엇이 가장'이라는 의미로 여러 개 중에서 '어느 것이 가장 ~'라는 의미로 사용됩니다.

핵심패턴 익히기

055 乗り換えしなければなりませんか。

dialogue

A: 乗り換えしなければなりませんか。
B: ええ、東京で乗り換えしなければなりません。

A: 환승해야 하나요?
B: 네, 도쿄에서 환승해야 합니다.

오늘 학교 가야만 해요?	→	今日、学校へ行かなければならないの？
돈을 내야 하나요?	→	お金、払わなければならないの？
이것을 해야만 하나요?	→	_____

정답 055 これをしなければならないの？

056 韓国、ソウル行きの片道飛行機の チケットが買いたいんですが。

dialogue

A: 韓国、ソウル行きの片道飛行機のチケットが買いたいんですが。
B: 次の飛行機は、明日午前１１時に出発します。

A: 한국, 서울로 가는 편도행 비행기표를 사고 싶은데요.
B: 다음 비행기는 내일 오전 11시에 출발합니다.

다음 버스는 정오에 도착합니다. ➡ 次のバスは、ちょうど１２時に着きます。

영어 수업은 오후 3시에 시작합니다. ➡ 英語の授業は午後３時に始まります。

이번 학기는 9월에 끝납니다. ➡ _____

057 スペインで何が一番よかったんですか。

dialogue

A: スペインで何が一番よかったんですか。
B: 食べ物がすごくおいしかったんです。

A: 스페인에서 뭐가 제일 좋았어요?
B: 음식이 너무 맛있었어요.

전 직장에서 가장 싫은 게 뭐였어요? ➡ 前の職場で、何が一番嫌いだったんですか。

그 사람 어디가 제일 좋았어요? ➡ 彼のどこが、一番好きだったんですか。

그 수업에서 뭐가 제일 싫었어요? ➡ _____

정답 056 今学期は9月に終わります。 057 その授業で、何が一番きらいでしたか。

상황표현 익히기

교통수단

① どちらまで行かれますか。お客さま。
어디로 모실까요, 손님?

② 東京行きですか。
도쿄행인가요?

③ 成田空港まで行くバスはいつ来ますか。
나리타 공항으로 가는 버스는 언제 오나요?

④ 市内までいくらですか。
시내까지 얼마죠?

⑤ すみません。次の停留所で降りたいんですが。
다음 정거장에서 내리고 싶은데요.

⑤ 乗り換えしなければなりませんか。
환승해야 하나요?

⑥ どこでバスに乗り換えますか。
어디서 버스를 갈아타야 하죠?

⑦ そこまでどれくらいかかりますか。
거기까지 가는 데 얼마나 걸리나요?

도움을 요청할 때

① 助けて。
도와주세요.

② 誰か助けてください。
누가 저 좀 도와주세요.

❸ 警察を呼んでください。
경찰 좀 불러주세요.

❹ そこに誰もいませんか。
거기 아무도 없어요?

❺ 道に迷ってしまいました。
길을 잃어버렸어요.

❻ パスポートを落としてしまいました。
여권을 잃어버렸어요.

❼ 誰かがかばんを盗んで行きました。
누군가 제 가방을 훔쳐갔어요.

❽ 今朝、スリにあいました。
오늘 아침에 소매치기를 당했어요.

여행에서 돌아온 후

❶ 旅行から帰ったばかりです。
여행에서 방금 돌아왔어요.

❷ 何が一番よかったんですか。
뭐가 가장 좋았어요?

❸ そこがとてもよかったんです。
거기가 너무 좋았어요.

❹ 人々がすごく親切でした。
사람들이 매우 친절했습니다.

Unit 07

야외활동

058 ちょっと早くないは '좀(너무) 이르지 않아'라는 표현입니다.
059 ～時間だよ '～할 시간이야'라는 표현입니다.
060 ～ようと頑張ってるよは '～하려고 노력하고 있어'라는 표현입니다. (よ)う는 의지형입니다.

■ 핵심패턴 익히기

058 ちょっと早くない?

dialogue

A: 朝6時にハイキングに行くのは、ちょっと早くない?
B: ぜんぜん、さあ動いて。私たち遅れそうだよ。

A: 아침 6시에 하이킹 가는 것은 좀 이르지 않아?
B: 전혀, 자 움직여. 우리들 늦을거 같아.

시작하기에 너무 이른가요? → 始まるのにちょっと早くない?

포기하기엔 너무 이르지 않나요? → あきらめるのにはちょっと早くない?

전화하기에 너무 늦지 않았나요? → _____

응용표현 정답 058 電話かけるのにちょっと遅くない?

059 これから楽しく遊ぶ時間だよ。

dialogue

A: やっと着いた。ワーこれから楽しく遊ぶ時間だよ。
B: ここに来たのはいつが最後だったの？

A: 마침내 왔다! 와! 이제 재미있게 놀 시간이야.
B: 여기에 온 것은 언제가 마지막이었어?

점심시간이야.　→　昼ごはんを食べる時間だよ。

공부할 시간이야.　→　勉強する時間だよ。

잠 잘 시간이야.　→　_____

060 今、探そうと頑張ってるよ。

dialogue

A: 本当に、そこにテント入れたの間違いない？
それじゃ、どうしてそこにないの？
B: 静かにして。今、頑張って探しているじゃない！

A: 정말 텐트 거기다 넣은 거 확실해? 그럼 왜 거기 없는 거야?
B: 조용히 해! 지금 찾으려고 노력하고 있어.

나 자신을 납득시키려고 노력하고 있어.　→　私自身を納得させようと頑張ってるよ。

결정하려고 노력하고 있어.　→　決定しようと頑張ってるよ。

해결하려고 노력하고 있어.　→　_____

정답 059 寝る時間だよ。　060 解決しようと頑張ってるよ。

상황표현 익히기

소풍/야영

① テントの張(は)り方(かた)、わかる?
텐트 치는 방법 알아?

② ハイキングに行(い)くのには、ちょっと早(はや)くない?
하이킹가기엔 너무 이르지 않아요?

③ 夜(よる)にバーベキューパーティーしよう。
저녁에 바비큐 파티하자.

④ ここはキャンプするのに最高(さいこう)だよ。
여기는 야영하기에 최고야.

⑤ 寝袋(ねぶくろ)を忘(わす)れてきたよ。
침낭 가져오는 것을 잊어버렸어.

놀이공원

① 楽(たの)しく遊(あそ)ぶ時間(じかん)だよ。
재미있게 놀 시간이야.

② このクレジットカードを見(み)せれば、入場(にゅうじょう)は無料(むりょう)だよ。
이 신용카드를 보여주면 입장은 무료야.

③ 3時(さんじ)にパレードがあるよ。
3시에 퍼레이드가 있을 거야.

④ 子供(こども)たちが乗(の)れるのはメリーゴーランドしかない。
애들이 탈 수 있는 건 회전목마밖에 없어.

❺ 私、高所恐怖症なんです。
나 고소공포증이 있어요.

낚시

❶ 釣りができる所、わかりますか。
낚시할 만한 곳을 알아요?

❷ ここで、釣りをしてはいけません。
여기서 낚시를 해서는 안됩니다.

❸ どうして釣りがすきなの?
낚시가 왜 좋아?

❹ チホさんは釣りできないよ。
치호씨는 낚시를 못해요.

❺ 釣りをするのにはあまり天気がよくないね。
낚시질하기엔 날이 별로 안 좋아요.

❻ 見て、釣りかごの中にマスがいる!
봐! 낚시바구니 안에 송어가 있어.

❼ 見て、浮きが動いてるよ!
봐! 내 낚시찌가 움직이고 있어.

권유와 거절

[권유]

일본어로 상대방에게 뭔가를 권유할 때 쓰이는 표현을 알아보자.

1. ~ませんか(~하지 않으실래요?)

누군가에게 함께 하자고 권유할 때 사용한다. 상대방의 의사를 묻는 표현이므로 끝을 올려서 발음해야 한다.

今度、映画を見に行きませんか。 (다음에 영화를 보러 가지 않을래요?)

昼ごはん、一緒に食べませんか。 (점심밥 함께 먹지 않을래요?)

2. ~ましょうか(~할까요?)

날짜 등의 구체적인 사항을 제안할 때 사용한다. 따라서 [~ませんか]로 질문한 뒤에 상대방의 승낙여부에 따라서 쓸 수 있는 표현이다.

A: ドライブでもしませんか。 (드라이브 하지 않을래요?)

B: いいですよ。 (좋아요)

A: どこに行きましょうか。 (어디로 갈까요?)

3. 손윗사람에게 권유

손윗사람에게 권유할 경우는 동사의 존경어표현을 쓰자.

先生、ケーキを食べているんですが、ご一緒に召し上がりませんか。
(선생님, 케이크를 먹고 있는데, 함께 드시지 않겠습니까?)

*[召し上がりませんか]는 [食べませんか]의 존경표현이다.

カラオケに行きますが、部長もいらっしゃいませんか。
(노래방에 갑니다만, 부장님도 가시지 않겠습니까?)

*[いらっしゃいませんか]는 [行きませんか]의 존경표현이다.

[거절]

이번에는 부드럽게 거절하는 방법이다.
권유를 거절할 때는 끝까지 말하지 말고 말끝을 흐리는 방법을 많이 사용한다. 직설적으로 거절하는 것을 피하기 위해서 이다.

今週の土曜日はちょっと難しいですね。 (이번주 토요일은 좀 힘든데요.)

ちょっと無理なようだな。 (좀 무리일 거 같은데.)

다만 [行きません(못가요)][無理です(무리입니다)][だめです(안돼요)]같이 너무 확고하게 거절하는 표현은 삼가는 것이 좋다.

PART 4

교통

Unit 1 버스
Unit 2 기차
Unit 3 지하철
Unit 4 택시
Unit 5 자가용

Tip - 행운을 부르는 물건

Unit 1

버스

061 どれくらいかかりますか는 시간이나 비용이 '얼마나 걸립니까?'라고 묻고 싶은 경우에 사용합니다.

062 まだですか는 '아직 입니까?'라는 말입니다.

063 〜かどうかわかりません은 '〜인지 어떤지 모르겠습니다'라는 표현으로 확신이나 자신이 없을 때 사용합니다.

■ 핵심패턴 익히기

061 終着駅までどれくらいかかりますか。

dialogue

A: 終着駅までどれくらいかかりますか。
B: 1時間くらいかかります。

A: 종점까지 가는데 시간이 얼마나 걸리나요?
B: 한 시간 정도 걸립니다.

응용표현

거기까지 가는데 얼마나 걸리나요?	→	そこまで行くのに、どれくらいかかりますか。
웹사이트 제작하는데 시간이 얼마나 걸리나요?	→	ウェブサイト作るのに、どれくらいかかりますか。
차로 인천에서 서울까지 얼마나 걸리나요?	→	_____

정답 061 車でインチョンからソウルまで、どれくらいかかりますか。

062 終着駅までまだですか。

dialogue

A: 終着駅までまだですか。
B: あとふた駅、行かなければならないです。

A: 종점까지 얼마나 먼가요(멀어요)?
B: 두 정거장 더 가야 합니다.

(거리가) 얼마나 먼가요? ➔ (距離が) どれくらいですか。

여기서부터 거기까지 ➔ ここからそこまでどれくらいですか。
얼마나 먼가요(거리가 어떻게 되나요)?

(여기서) 부산까지 얼마나 먼가요? ➔ _____

063 このバスで合っているかどうかわかりません。

dialogue

A: このバスで合っているかどうかわかりません。
B: こちらで合っています。チャムシル駅まで4313番のバスにお乗りください。

A: 이쪽이 맞는지 아닌지 잘 모르겠어요.
B: 이쪽이 맞아요. 잠실역까지 4313번 버스를 타세요.

이것이 제대로 작동할지 ➔ これがちゃんと動くかどうかわから
모르겠어요. ないんです。

버스를 제대로 탔는지 ➔ バスにちゃんと乗ったかどうかわから
모르겠어요. ないんです。

여기에서 머무를 수 있을지 ➔ _____
잘 모르겠다.

정답 062 (ここから) プサンまで、どれくらいですか。 063 ここで泊まれるかどうかわからない。

상황표현 익히기

운행 시간 관련해서 물을 때

❶ いつ出発しますか。
언제 출발하나요?

❷ 何時に出発できますか。
몇 시에 출발하나요?

❸ いつ着きますか。
언제 도착하나요?

❹ どれくらいかかりますか。
(목적지까지 시간이)얼마나 걸리나요?

❺ バスは何分おきに出ますか。
버스 간의 배차 간격이 어떻게 되나요?

노선에 대해 물을 때

❶ バス停はどこですか。
버스 정류장이 어디에 있나요?

❷ インチョンに行くなら何番のバスに乗ったらいいですか。
인천 가려면 어떤 버스를 타야 하나요?

❸ 何番のバスがホンソンへ行きますか。
어떤(몇 번) 버스가 홍성으로 가요?

❹ トゥンチョンからシンチョンまで行こうと思いますが、何番のバスに乗らなければなりませんか。
둔촌에서 신촌까지 가려고 하는데, 몇 번 (버스)을 타야 합니까?

⑤ ここからカンナムに行くバス、乗れますか。
여기서 강남까지 가는 버스 탈 수 있나요?

⑥ バスに乗り間違えたみたいです。
버스를 잘못 탄 거 같아요.

⑦ こちらが合っているかどうかわかりません。
이쪽이 맞는지 아닌지 잘 모르겠어요.

기타

① 料金はいくらですか。
요금이 얼마인가요?

② おつりがありません、こまかいお金を出してください。
거슬러 드릴 수 없습니다. 잔돈으로 내세요.

③ ヨス行きの乗車券はいくらですか。
여수행 승차권이 얼마인가요?

④ シンチョンに行こうと思いますが、どこで降りればいいですか。
신촌가려고 하는데 어디에서 내려야 하나요?

⑤ 終着駅まで行くなら、どれくらいですか。
종점까지 가려면 멀었나요?

⑥ あと、ふた駅、行けばいいです。
두 정거장만 더 가면 됩니다.

⑦ 降りる所を過ぎました。
내릴 곳을 지나쳤어요.

Unit 02 기차

064 ~てもらえませんか는 '~해 받을 수 없겠습니까?'라는 표현으로 한국말로 '~해 주시겠습니까?'하고 같은 의미입니다.
065 ~に~がありますか '~에 ~가 있습니까?'라는 표현입니다.
066 どこですか는 '어디입니까'해서 장소를 묻는 표현입니다.

핵심패턴 익히기

064 運行スケジュールを見せてもらえませんか。

dialogue

A: 運行スケジュールを見せてもらえませんか。

B: もちろんです。どうぞ。

A: 운행 스케줄을 볼 수 있을까요?
B: 물론이죠. 여기에 있습니다.

문 좀 닫아도 될까요?	→	ドアをしめてもいいですか。
책 좀 빌려주시겠어요?	→	本を貸していただけますか。
담배 펴도 될까요?	→	_____

응용표현 **정답** 064 たばこを吸ってもいいですか。

065 この列車に食堂車がありますか。

dialogue

A: この列車に食堂車がありますか。
B: 食堂車はありません。

A: 이 열차에는 식당 칸이 있습니까?
B: 식당 칸은 없습니다.

이 MP3는 라디오 기능이 있습니까?	→	このMP3はラジオの機能がありますか。
이 학교는 수영장이 있나요?	→	この学校にプールがありますか。
도서관은 학생들을 위한 공간과 설비를 갖추고 있나요?	→	_____

066 トイレはどこですか。

dialogue

A: トイレはどこですか。
B: 客車の後ろの方にあります。

A: 화장실은 어디에 있나요?
B: 객차 뒤 쪽에 있습니다.

버스 정류장이 어디에 있나요?	→	バス停はどこにありますか。
잉글랜드에 대한 정보를 어디에서 구할 수 있을까요?	→	イギリスについての情報をどこで得られますか。
어디에서 도움을 받을 수 있을까요?	→	_____

정답 065 この図書館は学生のための空間と設備を備えていますか。 066 どこでお願いしたらいいですか。

상황표현 익히기

표 구입과 관련해서 물을 때

❶ 切符売り場はどこにありますか。
매표소가 어디 있나요?

❷ 座席の予約はどうしますか。
좌석 예매는 어떻게 하나요?

❸ いつ出発するご予定ですか。
언제 떠나시나요(출발할 예정이신가요)?

❹ もっと早い汽車はありませんか。
더 빠른 기차는 없나요?

❺ 急行ですか。
급행 열차인가요?

❻ 直行ですか。
직행인가요?

❼ 寝台車がありますか。
침대칸이 있나요?

기차 탑승과 관련해서 물을 때

❶ 次の列車は何時ですか。
다음 열차는 몇 시에 있나요?

❷ 東京行きの列車は何番ホームで乗りますか。
도쿄행 열차는 몇 번 승강장에서 타나요?

❸ この列車はプサン行きですか。
이 열차가 부산행인가요?

❹ プサン行きの汽車ですよね?
부산가는 기차 맞나요?

❺ その列車は予定より30分遅れて出発します。
그 열차는 예정보다 30분 늦게 출발할 것입니다.

기차 안에서

❶ ここに、座ってもいいですか。
여기 앉아도 될까요?

❷ 私の席ですが。
제 자리인데요.

❸ 乗車券を見せていただけますか。
승차권을 보여주시겠어요?

❹ 切符を準備してください。
표를 준비해 주세요.

❺ お乗り間違えです。
잘못 타셨습니다.

❻ トイレはどこにありますか。
화장실이 어디에 있나요?

❼ 食堂車がありますか。
식당 칸이 있나요?

Unit 03 지하철

067 どう行きますかは '어떻게 갑니까?'라는 방법을 묻는 표현입니다
068 どうやっては '어떻게 해서'라는 의미입니다.
069 〜には 는 '〜(려)면'이라는 뜻입니다.

핵심패턴 익히기

067 地下鉄の駅まで、どう行きますか。

dialogue

A : 地下鉄の駅まで、どう行きますか。
B : 申し訳ありませんが、私もよくわかりません。

A : 지하철역까지 어떻게 가요?
B : 죄송합니다만, 저도 잘 모르겠습니다.

집에 어떻게 가요? → 家まで、どう行きますか。

시청에 어떻게 가요? → 市役所まで、どう行きますか。

부산까지 어떻게 갑니까? → _____

응용표현 정답 067 プサンまで、どう行きますか。

068 ここから一番近い駅にどうやって行きますか。

dialogue

A: ここから一番近い駅にどうやって行きますか。
B: 次の信号を右にまがってまっすぐ行くとあります。

A: 여기서 가장 가까운 역에 어떻게 가나요?
B: 다음 신호에서 오른쪽으로 돌아서 곧장 가면 있어요.

버스 터미널까지 어떻게 되나요?	→	バスターミナルまで、どうやって行きますか。
신주쿠까지 어떻게 가나요?	→	新宿まで、どうやって行きますか。
서울에서 인천까지 어떻게 가나요?	→	_____

069 市役所に行くには何番の出口から出ればいいですか。

dialogue

A: 市役所に行くには何番の出口から出ればいいですか。
B: 5番の出口から出てください。

A: 시청에 가려면 몇 번 출구로 나가야 하나요?
B: 5번 출구로 나가세요.

제 사업을 시작하려면, 뭐부터 해야 하나요?	→	事業を始めたければ、何からしなければなりませんか。
울고 싶으면 울거야.	→	泣きたければ泣くよ。
진료 받으려면 어떻게 해야 하나요?	→	_____

정답 068 ソウルからインチョンまで、どうやって行きますか。　069 診療を受けたければどうしなければなりませんか。

상황표현 익히기

역/노선 관련해서 물을 때

❶ 地下鉄の駅はどこですか(地下鉄の駅まで、どうやって行きますか)。
지하철역이 어디에 있나요 (지하철역까지 어떻게 가나요)?

❷ 2号線はどこで乗りますか。
2호선을 어디에서 타야 하나요?

❸ 何号線がバンファまで行きますか。
몇 호선이 방화에 가나요?

❹ どの駅で乗り換えればいいですか。
어디에서 갈아타야 하나요?

❺ シンギルで乗り換えてください。
신길에서 갈아타세요.

❻ 終電は何時ですか。
몇 시가 막차인가요?

❼ 市役所に行くには何番出口を出ればいいですか。
시청에 가려면 몇 번 출구로 나가야 하나요?

표 구입 관련해서 물을 때

❶ 切符売り場はどこですか。
매표소가 어딘가요?

❷ どこで地下鉄の切符を買いますか。
지하철표 사는 데가 어디죠?

❸ 切符、一枚おねがいします。
표 한 장 주세요.

❹ この交通カードを充電してください。
카드 좀 충전해 주세요.

❺ どれくらい充電いたしましょうか。
얼마나 충전해 드릴까요?

지하철에서 들을 수 있는 표현

❶ まもなく、列車がまいります。
열차가 도착하고 있습니다.

❷ 白線の内側までお下がりください。
안전선 밖으로 한걸음 물러나 주세요.

❸ 足下にご注意ください。
(차와 승강장 사이가 넓으니 내리시거나 타실 때) 발 밑을 주의하시기 바랍니다.

❹ 次は市役所です。
이번 정차할 역은 시청입니다.

❺ 2号線に乗り換えられます。
2호선으로 갈아타실 수 있습니다.

❻ お降りのドアは右側(左側)です。
내리실 문은 오른쪽(왼쪽)입니다.

❼ 次の駅はどこですか。
다음 역은 어디인가요?

Unit 04 택시

070 行ってください는 '~가 주세요.'라고 하는 표현으로 택시 등을 탔을 경우 사용할 수 있습니다.
071 行きます는 '갑니다(갈 겁니다)'라는 말입니다.
072 もう少し는 '조금 더'라는 의미로 사용할 수 있습니다.

핵심패턴 익히기

070 市役所へ行ってください。

dialogue

A: どちらへ行かれますか。
B: 市役所へ行ってください。

A: 어디로 가세요?
B: 시청으로 가주세요.

가까운 지하철역으로 가주세요. → 近い地下鉄の駅まで、行ってください。

그를 병원으로 데려가세요. → 彼を病院まで連れて行ってください。

아이들을 강당으로 데려가세요. → _____

정답 070 子供たちを講堂まで、連れて行ってください。

071 オリンピック公園へ行きます。

dialogue

A: どちらへ行かれますか。
B: オリンピック公園へ行きます。

A: 어디로 모실까요?
B: 올림픽공원에 갑니다.

학교에 갈 겁니다.	→	学校へ行きます。
영화 보러 가는 데요.	→	映画を見に行くんですが。
명동에 갑니다.	→	_____

072 もう少し行ってください。

dialogue

A: どこでお止めしましょうか。
B: もう少し行ってください。

A: 어디서 세워드릴까요?
B: 좀 더 가주세요.

너는 (하던 것을) 계속 해야만 한다.	→	あなたは(することを)続けなければならない。
중국은 성장을 계속하고 있다.	→	中国は成長し続けている。
계속 꿈을 가져라.	→	_____

응용표현 정답 071 ミョンドンへ行きます。 072 ずっと夢を持ち続けなさい。

∎ 상황표현 익히기

택시 부를 때

❶ タクシーを呼んでもらえませんか。
택시 좀 불러 주시겠어요?

❷ タクシー1台、すぐおねがいします。
택시를 한 대 바로 보내주세요.

❸ 早速、送ります。
즉시 보내겠습니다.

❹ まもなく着きます。
곧 도착할 겁니다.

❺ まだ、タクシーが来ないんですが。
(택시가) 아직 안 왔는데요.

❻ 一番近いタクシー乗り場はどこですか。
가장 가까운 택시 정류소가 어디에요?

목적지 말할 때

❶ どちらへ行かれますか。
어디로 모실까요?

❷ この住所へお願いします。
이 주소로 가주세요.

❸ この住所で降ろしていただけますか。
이 주소에서 내려주시겠요?

❹ もっと早く行ってください(もっとスピードを上げてください)。
좀 밟아주세요(속력 좀 더 내주세요).

❺ 近道はありませんか。
지름길이 있나요?

❻ 早い道でおねがいします。
빠른 길로 부탁합니다.

❼ この前でちょっと止めてくださいませんか。
저 앞에서 잠시만 세워주시겠어요?

택시에서 내릴 때

❶ 着きました。
다 왔습니다.

❷ ここに止めてもよろしいですか。
여기서 세워드려도 괜찮아요?

❸ ここで降ろしていただけますか。
여기서 내려 주시겠어요?

❹ いくらですか。
얼마인가요?

❺ ものすごい金額になりましたね。
너무 많이 나왔네요.

❻ ぼったくるんですね。
바가지 씌우는군요.

❼ すみませんが、こまかいお金がありません。
죄송합니다만, 잔돈이 없습니다.

Unit 05 자가용

073 ~みたい는 '~처럼 보인다/ ~인 것 같다'라는 뜻입니다.
074 分かる?는 상대방이 아는지 모르는 지 묻는 표현입니다. 더 공손한 표현으로 お分かりですか를 사용할 수도 있습니다.
075 ~いけなかったのには '~했어야만 했는데'라는 뜻으로 실제로 행하지 않은 일에 대한 후회의 감정을 나타냅니다.

핵심패턴 익히기

073 道に迷ったみたいです。

dialogue

A：道に迷ったみたいです。

B：カーナビはつけなかったの？

A: 길을 잃은 것 같아요
B: 네비게이션 작동 안 시켰니?

그는 정직한 사람인 것 같다.	→	彼は正直な人みたいだ。
그의 이름을 들은 것 같다.	→	彼の名前を聞いたみたいだ。
그는 우리를 보고 반가워하는 것 같다.	→	

정답 073 彼は私たちに会えてうれしいみたいだ。

074 ここがどこか、分かる?

dialogue

A: ここがどこか、分かる?
B: わからない。道に迷ったみたい。

A: 여기가 어딘지 알아?
B: 몰라. 길을 잃은 것 같아.

지하철역이 어디에 있는지 아세요?	→	地下鉄の駅がどこか、お分かりですか。
IGSE가 어디에 있는지 아세요?	→	IGSEがどこにあるか、お分かりですか。
방과 후에 자녀들이 어디에 있는지 아세요?	→	_____

075 気をつけて運転しなきゃいけなかったのに。(事故後)

dialogue

A: 気をつけて運転しなきゃいけなかったのに。

A: 조심해서 운전했어야만 했어.

넌 집에 있었어야 했어.	→	あなたは家にいなきゃいけなかったのに。
그는 그 말을 하지 말았어야 했어.	→	彼はその話をしちゃいけなかったのに。
브라질이 프랑스를 이겼어야 했어.	→	_____

정답 074 放課後にお子さんたちがどこにいるか、お分かりですか 075 ブラジルがフランスに勝たなきゃいけなかったのに。

상황표현 익히기

차 안에서

① 乗って。
타.

② 乗ってもいいですか。
타도되나요?

③ 安全ベルトをしめてください。
안전벨트 하세요.

④ スピードを落としてください。
속도 좀 줄이세요.

⑤ もう少し早く行こう。
좀 빨리 가자.

⑥ 私の代りに運転してくれる?
운전 좀 대신해 줄래?

주차할 때

① ここに車を止めてもいいですか。
여기에 주차해도 되나요?

② 駐車場に空いています。
주차장이 비었어요.

③ 満車です。
만차 입니다.

④ 有料(無料)駐車場です。
유료(무료) 주차장입니다.

⑤ ここは駐車禁止地域です。(駐車したら、レッカーされます。)
견인 지역입니다.(주차하면 견인됩니다.)

⑥ 駐車料金は１時間あたり、いくらですか。
주차 요금은 시간당 얼마입니까?

⑦ 駐車してさしあげます。
주차해 드리겠습니다.

교통 법규 위반했을 때

① 飲酒違反取り締まり中です。ご協力おねがいします。
음주단속 중입니다. 협조 부탁드립니다.

② 停止信号を無視しました。
정지 신호를 무시하셨습니다.

③ 停止信号が見えなかったんですか。
정지 신호 못 보셨어요?

④ スピード違反しました。
과속하셨습니다.

⑤ 車から降りてください。
차에서 내리십시오.

⑥ 今度だけ大目に見てあげます。
이번만 봐드리겠습니다.

⑦ 一度だけ見逃してください。
한 번만 봐주세요.

행운을 부르는 물건

일본인이 행운을 부른다고 생각하는 물건들이다.

1. 招き猫 복고양이
한 손을 들고 앉아 있는 고양이이다. 보통 한 손에는 [돈]을 들고 있어서 장사를 하는데 [손님을 부른다]라는 의미를 가지고 있다.

2. 熊手 곰 발바닥
복을 긁어모은다는 의미를 가지고 있는 복갈퀴이다.

3. だるま 다루마
오뚝이처럼 생기고 한쪽 눈만 그려진 인형이다. 개운을 비는 물건이며 바람이 이루어 졌을 경우에는 다른 눈 하나를 그려 넣으며 축하한다.

4. 折り鶴 종이학
병의 회복을 기원하거나 소원을 빌 때 만든다. 주로 선물을 하는 경우가 많다.

5. 五円 5엔짜리 동전
'五円'과 'ご縁(인연)'의 발음이 같아서 좋은 만남이 있다고 여긴다.

6. 숫자 [八]
'八'은 위가 좁고 아래로 향할 수록 넓어져서 점점 발전한다는 이미지가 있다. 또한 차를 끓였을 때 찻잎이 곧추 서는 경우는 좋은 일이 생긴다고 여긴다.

이외에도 피해야 할 숫자나 행동은

1. '4'와 '9'
四(넉 사)와 死(죽을 사), 九(아홉 구)와 苦(괴로울 고)의 일본어 발음이 똑같이 [く]가 되어서 싫어하는 숫자가 된다. 그리고 아픈사람의 병문안을 갈 경우에는 뿌리가 있는 식물은 선물하지 않는다. 일본어로 根(뿌리 근)과 寢(잠잘 침)이 같은 음인 [ね]가 되기 때문에 누운 상태가 계속 이어지는 재수 없는 선물이라고 여기기 때문이다.

2. 결혼식장에서 [終わる(끝내다)]나 [切れる(끊어지다)]라는 단어는 쓰지 않는다.

PART 5

쇼핑

Unit 1 매장
Unit 2 물건고르기
Unit 3 계산
Unit 4 포장/배달
Unit 5 교환/환불
Unit 6 전화주문
Tip - 속담

Unit 01 매장

076 どこで 는 '어디에서'라는 장소를 묻는 표현입니다.
077 何かお探しですか 매장에서 점원이 고객에게 무엇을 찾고 계신지 묻는 표현으로 '뭘 도와드릴까요?'라고 하는 표현입니다.
078 探しているんですけど는 '찾고 있습니다만'이라는 표현입니다.

■ 핵심패턴 익히기

076 それ、どこで買ったの？

dialogue

A : シャツかわいいね。それ、どこで買ったの？
B : デパートで買ったよ。今、バーゲンセール中なの。
　　一緒に買い物に行こうよ。

A : 셔츠 예쁘다. 그거 어디에서 샀니?
B : 백화점에서 샀어. 지금 바겐세일 중이야. 같이 쇼핑하러 가자.

응용표현

어디서 났어?　　　　　　　➔　それ、どこでもらったの？
그거 어디에서 살 수 있나요?　➔　それ、どこで買えますか。
어디 갔니?　　　　　　　　➔　_____

응용패턴 **정답** 076 どこに行ったの？

077 何かお探しですか。

dialogue

A : いらっしゃいませ。何かお探しですか。
B : ネックレスを探しているんですが。

A : 어서 오세요. 무엇을 도와드릴까요?
B : 목걸이를 찾고 있는데요.

전화 좀 사용해도 될까요? → この電話、使ってもいいですか。

책을 빌릴 수 있을까요? → この本、借りてもいいですか。

애완동물을 데려와도 될까요? → _____

078 婦人服売り場を探しているんです。

dialogue

A : すみません。ここの人ですか。
婦人服売り場を探しているんです。
B : あそこでございます。

A : 실례합니다만, 여기서 일하시나요? 여성복 코너를 찾고 있습니다.
B : 저쪽에 있습니다.

스타타워를 찾고 있습니다. → スタータワーを探していますが。

컴퓨터 모니터를 사려고 합니다. → コンピューターのモニターを買おうと思います。

일자리를 구하고 있습니다. → _____

정답 077 ペットを連れてきてもいいですか。 078 仕事を探しています。

상황표현 익히기

매장 물어볼 때

① どこで買ったの？
어디에서 샀니?

② どこで買えますか。
어디에서 살 수 있죠?

③ サングラスはどこで売っていますか。
선글라스는 어디에서 파나요?

④ 支払いはどこですか。
어디에서 계산하나요?

⑤ 4階にあります。
4층에 있습니다.

⑥ 地下にあります。
지하에 있습니다.

⑦ エスカレーターに乗って3階へ行ってください。
에스컬레이터를 타고 3층으로 가세요.

손님을 맞을 때

① いらっしゃいませ。
어서 오세요. / 안녕하세요.

② 何かお探しですか。
어떤 것을 찾으세요?

❸ セール中です。
세일 중입니다.

❹ ご自由にご覧ください。
마음껏 둘러보세요.

❺ どうぞ、ごゆっくりご覧下さい。
천천히 둘러보세요.

찾는 물건 말할 때

❶ ネックレスを見せてもらえますか。
목걸이 좀 보여주세요.

❷ ジーンズ、売っていますか。
청바지 파나요?

❸ 秋の新商品を見せていただけますか
가을 신상품 좀 보여주시겠어요?

❹ 私に似合う服を一着、見せていただけますか。
저한테 어울리는 옷 한 벌 보여주시겠어요?

❺ セール中の服はどれですか。
세일중인 옷들이 어떤 건가요?

❻ 見ているだけです。
구경하는 중입니다.

Unit 02 물건고르기

- **079** ~号ありますか는 '~사이즈가 있습니까?'라는 표현입니다.
- **080** どんなサイズ는 사이즈를 물을 때 사용하는 표현입니다. '어떤 사이즈'라는 의미입니다.
- **081** ここにあります는 물건을 보여주며 '여기에 있습니다'라는 말입니다.

핵심패턴 익히기

079 このデザインのくつで7号ありますか。

dialogue

A : このデザインのくつで7号ありますか。
B : 申し訳ありませんが、そのサイズは売り切れました。

A : 이 스타일로 7사이즈가 있나요?
B : 죄송하지만 다 팔렸습니다.

 응용표현

청바지 파나요?	→ ジーンズ、売っていますか。
질문 있니?	→ 何か質問、ある？
이번 주말에 계획 있니?	→ _____

응용표현 정답 079 今度の週末、何か計画ある？

080 どんなサイズがほしいですか。

dialogue

A: 男性向けのサンダル、売っていますか。
B: もちろんです。どんなサイズですか。
A: １１号サイズです。

A: 남성용 샌들 파나요?
B: 물론이죠. 사이즈 몇 신으세요?
A: 11사이즈요.

무슨 색으로 원하세요?	→	どんな色がご希望ですか。
샐러드에 무슨 드레싱을 원하세요?	→	サラダはどんなドレッシングになさいますか。
무슨 책을 읽고 있니?	→	_____

081 ここにあります。

dialogue

A: ネックレスを見せてください。
B: ここにあります。どうぞ、お試しください。

A: 목걸이 좀 보여주세요.
B: 여기 있습니다. 착용해 보세요.

여기 있습니다.	→	ここにあります。
나 여기에 있어.	→	ぼくはここにいるよ。
거스름돈 여기 있습니다.	→	_____

정답 080 どんな本を読んでいるの？　081 おつりは、ここにあります。

상황표현 익히기

물건에 대해 물어볼 때

① この製品、青色ありますか。
이 제품 파랑색으로 있나요?

② このデザインで7号サイズありますか。
이 스타일로 7사이즈가 있나요?

③ 大きいサイズありますか。
큰 사이즈 있나요?

④ 試着してもいいですか。
착용해 봐도 될까요?

⑤ 私に似合ってる?
나한테 어울리니?

⑥ このシャツ、どう。
이 셔츠 어때(어울리니)?

물건 보여 줄때

① 特別に考えていらっしゃる商品がありますか。
특별히 생각하고 계신 상품이 있나요?

② ここにあります。どうぞお試しください。
여기 있습니다. 착용해 보시죠

③ ご試着なさってください。
착용해 보세요.

❹ このシャツ、よく似合ってます。
셔츠와 잘 어울리네요.

❺ 売り切れました。
다 팔렸습니다.

물건 선택할 때

❶ それをください。
그거 주세요.

❷ それを買います。
그걸로 사겠습니다.

❸ 同じ物をおねがいします。
같은 걸로 주세요.

❹ もうすこし見てみます。
좀 더 구경하겠습니다.

❺ ちょっと考えてからきます。
한번 생각해 보고 올게요.

❻ お直しできますか。
수선되나요?

Unit 03 계산

- 082 いくらですか는 요금이나 가격을 물을 때 사용하는 표현입니다. '얼마입니까'라는 의미입니다.
- 083 支払えますか는 카드나 현금으로 '계산이 가능합니까?'라는 의미입니다.
- 084 支払いは는 '계산은/지불은'이라는 표현입니다.

핵심패턴 익히기

082 いくらですか。

dialogue

A : いくらですか。
B : 150円です。

A : 얼마에요?
B : 150엔입니다.

응용표현

모두 얼마에요?	→	全部で、いくらですか。
집세가 얼마에요?	→	家賃がいくらですか。
수리비가 얼마에요?	→	_____

정답 082 修理代はいくらですか。

083 クレジットカードでも支払えますか。

dialogue

A : 全部で2万8千円になります。
B : クレジットカードでも支払えますか。
A : はい、できます。こちらにサインをおねがいします。お客様。

A : 전부해서 2만 8천엔입니다.
B : 신용카드 받나요?
A : 네 그렇습니다. 여기 서명 부탁드립니다, 손님.

여행자수표도 받습니까? → トラベラーズチェックでも、支払えますか。

한국 돈도 받습니까? → 韓国のお金でも、支払えますか。

상품권도 받습니까? → _____

084 お支払いは現金ですか。カードですか。

dialogue

A : お支払いは現金ですか。カードですか。
B : 現金です。

A : 현금으로 지불하시겠어요, 카드로 하시겠어요?
B : 현금이요.

신용카드로 지불하시겠어요? → クレジットカードで支払われますか。

선불로 지불하시겠습니까? → 前払いで支払われますか。

할부로 하시겠습니까? → _____

정답 083 商品券でも支払えますか。　084 分割払いで支払われますか。

🔲 상황표현 익히기

계산할 때

❶ いくらですか。
얼마에요?

❷ 全部でいくらですか。
모두 합해서 얼마에요?

❸ 計算が違うようです。
계산에 착오가 있는 것 같습니다.

❹ 現金が足りない。
현금이 부족하다.

❺ 付けで買えますか。
외상으로 살 수 있나요?

흥정할 때

❶ 全商品が５０パーセントセール中です。
모든 물건이 50% 세일입니다.

❷ 高すぎるよ。
너무 비싸요.

❸ まけてください。
깎아주세요.

❹ 安くしてください。
깎아 주세요.

❺ すみませんが、セール中です。
미안하지만 세일 중입니다.

❻ ５千円しかありません。（５千円で売ってください。）
5천엔 밖에 없어요.(5천엔에 파세요.)

지불 수단 이야기할 때

❶ 現金ですか。クレジットカードですか。
현금인가요, 카드인가요?

❷ 現金になさいますか。小切手になさいますか。
현금으로 지불하시겠어요, 수표로 하시겠어요?

❸ 分割払いになさいますか。一割払いになさいますか。
할부로 하시겠습니까, 일시불로 하시겠습니까?

❹ ６ヶ月分割にします。
6개월 할부로 하겠습니다.

❺ こちらにサインをしていただけますか。
여기에 사인해 주시겠습니까?

Unit 04 포장/배달

085 ~てもらえますか는 상대방에게 뭔가를 공손하게 부탁할 경우 사용할 수 있습니다. '~해 주세요' 혹은 / ~되나요?'라는 의미입니다.
086 ~てもいいですか는 '~(해)도 되나요?(괜찮나요?)'라는 의미입니다..
087 ~ようにいたします '~하도록 하겠습니다'라는 공손한 표현입니다.

■ 핵심패턴 익히기

085 包装してもらえますか。

dialogue

A: 包装してもらえますか。
B: もちろんです。少々お待ちください。

A: 포장 되나요?
B: 물론이죠. 잠시만 기다리세요.

좀 도와주시겠어요? → ちょっと手伝ってもらえますか。

할인해 주시겠어요? → 割引してもらえますか。

이 얼룩 좀 없애 주시겠어요? → ＿＿＿＿＿＿＿＿＿＿＿＿＿＿＿＿

응용표현 **정답** 085 この染みを取ってもらえませんか。

086 海外発送をおねがいしてもいいですか。

dialogue

A : 海外発送をおねがいしてもいいですか。
B : もちろんです。ご住所を教えてください。

A : 해외 발송을 부탁해도 될까요?
B : 물론이죠. 주소 알려주세요.

규칙 좀 설명해 주시겠어요?	→	規則を説明していただけますか。
다시 한 번 확인해 주시겠어요?	→	もう一度、確認していただけますか。
이것 복사 좀 해주시겠어요?	→	_____

087 必ず配達するようにいたします。

dialogue

A : この住所に配達してください。
B : 今日の午後までに必ず配達するようにいたします。

A : 이 주소로 배달해 주십시오.
B : 오늘 오후까지 꼭 배달해 드리겠습니다.

제시간에 당신의 새집으로 배달되도록 하겠습니다.	→	時間どおりにお客様の新しい家まで配達するようにいたします。
일을 틀림없이 끝내도록 조치하겠습니다.	→	仕事はちゃんと終わらせるようにいたします。
이런 일이 다신 일어나지 않도록 하겠습니다.	→	_____

정답 086 これをコピーしていただけますか。 087 こんなことは二度と起こらないようにいたします。

상황표현 익히기

포장할 때

① 包装できますか。
포장 되나요?

② これ、プレゼント用に包装してもらえますか。
이거 선물용으로 포장해 줄 수 있나요?

③ ラッピングコーナーは別にありますか。
선물 포장하는 곳이 따로 있나요?

④ このプレゼントをラッピングできるところがありますか。
이거 선물 포장할 수 있는 데가 있나요?

⑤ 紙袋をもらえますか。
넣을 백(봉투) 좀 얻을 수 있을까요?

⑥ 包装しましょうか。
포장해 드릴까요?

배송 부탁할 때

① 郵便で送りたいです。
우편으로 보내고 싶습니다.

② 海外に送りたいんですが。
해외로 보내고 싶은데요.

③ どこに配達いたしましょか。
어디로 배달해 드릴까요?

❹ 家まで配達できますか。
집으로 배달해 주실 수 있나요?

❺ 午前中配達できますか。
오전 중에 배송해 주시겠어요?

❻ 配達料はそちらで負担しますか。
배송비는 그 쪽에서 부담하는 것인가요?

❻ 料金はいくらですか。
요금은 얼마입니까?

고객과 약속할 때

❶ その時までは確実に準備しておきます。
그때까지는 확실히 준비해 놓겠습니다.

❷ よる9時までは受け取れます。
저녁 9시까지 받아 보실 수 있을 겁니다.

❸ 今日の午後までに必ず配達いたします。
오늘 오후까지 꼭 배달해 드리겠습니다.

❹ 時間どおりに新しい家へ配達するようにいたします。
제 시간에 새 집으로 배달되도록 하겠습니다.

❺ すみませんが、当店は配達しておりません。
죄송합니다만 저희는 배달은 하지 않습니다.

❻ すみませんが、日曜日は配達できません。
죄송합니다만 일요일에는 배달이 안 됩니다.

Unit 05 교환/환불

- 088 動きません은 '(기계 등이) 작동하지 않습니다'라는 말입니다.
- 089 ~たい는 희망의 표현으로 '~(하)고 싶다'라는 의미로 사용됩니다.
- 090 ~たい는 자신이 뭔가를 원할 때도 사용할 수 있습니다.

핵심패턴 익히기

088 動きません。

dialogue

A : 昨日、買ったばかりですが、動きません。
B : 申し訳ありません。他の物にお取り換えしましょうか。

A : 어제 구입했는데 작동하지 않습니다.
B : 죄송합니다. 다른 것으로 교환해 드릴까요?

라디오가 작동하지 않습니다. ➡ ラジオがつきません。

시계가 멈췄어. ➡ 時計が止まった。

제 홈페이지에 문제가 ➡ _____
있습니다(제대로 작동하지 않습니다).

정답 088 私のホームページに問題があります。(開けません)。

089 この品物を返品したいのですが。

dialogue

A: この品物を返品したいのですが。
B: 領収書を見せてください。

A: 이 물건 환불받고 싶습니다.
B: 영수증 좀 보여주세요.

승리하고 싶습니다. → 勝ちたいです。

이것으로 사고 싶어. → これを買いたい。

너랑 결혼하고 싶어. → _____

090 新しいものに取り替えてください。

dialogue

A: 昨日、買ったんですが割れていました。
　　新しいのと交換してください。
B: もちろんです。ご迷惑をかけて申し訳ありません。

A: 어제 샀는데 깨져 있었습니다. 새 것으로 바꿔주세요.
B: 물론입니다. 불편을 끼쳐드려 죄송합니다.

이 휴대폰으로 사고 싶습니다. → このケータイを買いたいです。

예약하려고 합니다. → 予約しようと思います。

환불받고 싶습니다. → _____

정답 089 あなたと結婚したい。　090 返金したいんです。

상황표현 익히기

구입한 물건의 문제점 말할 때

① 管理人か支配人に会えますか。
관리인이나 지배인을 만날 수 있을까요?

② 製品に何か問題でもありますか。
제품에 무슨 문제가 있나요?

③ ちゃんと動かないんです。
작동이 제대로 안 돼요.

④ ここに染みがあります。
여기 얼룩이 있습니다.

⑤ サイズが合わないんです。
사이즈가 맞지 않습니다.

교환할 때

① 新しい製品に交換してください。
새 걸로 주세요.

② このシャツをもっと大きいサイズに交換してください。
이 셔츠를 큰 사이즈로 바꿔주세요.

③ このスカートを他の色と交換してもらえますか。
이 치마를 다른 색깔로 바꿀 수 있을까요?

④ すみませんが、このデザインのスカートは丈が同じです。
そのか代わり、無料でお直しします。
죄송합니다만, 이 스커트는 길이가 모두 같습니다. 대신 무료로 수선해 드리겠습니다.

⑤ 一度ご購入したら、お取り換えとかご返金はできません。
한번 구입하시면 교환이나 환불이 안 됩니다.

환불할 때

① 返金してください。
돈 돌려주세요(환불해 주세요).

② 返金してもらえますか。
환불 받을 수 있을까요?

③ この商品、返品したいんです。
이 물건 반품하고 싶습니다.

④ すみませんが、返金はうけつけておりません。
죄송하지만, 환불은 안 됩니다.

⑤ 領収書、お持ちですか。
영수증 갖고 계세요?

Unit 06 전화주문

091 教えてもらえますか는 '~가르쳐 주실 수 있으세요'라는 표현입니다. 더욱 공손하게 표현하고 싶다면 ~教えていただけますか를 사용하면 됩니다.
092 送れますか 는 '보낼 수 있습니까?'라는 가능의 표현입니다.
093 払わせてもらいたいんです '부담해 주셨으면 합니다'라는 표현으로 [사역형+てもらいたい]라는 형식이 사용되었습니다.

핵심패턴 익히기

091 ブランドとモデル名を教えてもらえますか。

A: ブランドとモデル名を教えてもらえますか。
B: CSH-V950です。一つ注文します。

A: 브랜드 이름과 모델명을 알려주시겠어요?
B: CSH-V950입니다. 하나 주문하겠습니다.

이름 좀 말씀해 주시겠어요?	→	お名前をおっしゃっていただけますか。
카메라 사용법 알려주시겠어요?	→	カメラの使い方を教えていただけますか。
화장실이 어디에 있는지 알려주시겠어요?	→	_____

정답 091 トイレはどこにあるか、教えていただけますか。

092 日本まで送れますか。

dialogue

A: 日本まで送れますか。
B: 申し訳ございません。海外までは送れません。

A: 일본으로 배송이 가능한가요?
B: 죄송하지만 해외로는 배송되지 않습니다.

해외로도 배송하나요?	→	海外へも送れますか。
학교 다니나요?	→	学校に通っていますか。
담배 피나요?	→	_____

093 返品物と交換物の配達費用はそちらが払ってもらいたいんですが。

dialogue

A: 返品します。返品物と交換物の配達費用はそちらが払ってもらいたいんですが。
B: はい、そうします。

A: 물건을 다시 보냅니다.
반환품과 교환품의 배달 비용을 당신 회사 측에서 부담했으면 합니다.
B: 네, 그러겠습니다

날 이해해줘.	→	ぼくを理解してくれ。
나에게 투표해주세요.	→	私に投票してください。
나를 위해 기도해주세요.	→	_____

정답 092 たばこを吸いますか。 093 私のために祈ってください。

상황표현 익히기

주문할 때

❶ 注文しようと電話しました。
주문하려고 전화했어요.

❷ カタログにあるCony携帯電話を買おうと思います。
카다로그에 있는 Cony 휴대폰을 사려고 합니다.

❸ 新しい携帯電話を注文したいんです。
새 휴대폰을 주문하고 싶습니다.

❹ 一つ注文しようと思います。
하나 주문하려고 합니다.

❺ 販売部につなげてもらえますか。
판매부와 연결 좀 할 수 있을까요?

❻ この商品のカタログの番号をお持ちですか。
그 상품의 카탈로그 번호를 갖고 계시나요?

상품 및 배송과 관련하여 이야기할 때

❶ 注文した物はいつごろ受け取れますか。
주문한 것은 언제쯤 받아 볼 수 있을까요?

❷ 間違った住所にお送りになったみたいです。
잘못된 주소로 보내신 것 같습니다.

❸ 私が注文したのがどうなったか確かめたいです。
제 주문이 어떻게 됐는지 확인하려고 합니다.

❹ アメリカまで送れますか。
미국으로도 배송이 가능한가요?

❺ 商品が発送できたら、確認メールをお送りいたします。
상품이 발송되면 이메일을 보내 드리겠습니다.

❻ 配達は4週間から6週間くらいかかります。
배달되려면 4주에서 6주가 걸립니다.

교환 및 환불과 관련하여 이야기할 때

❶ できるだけ、早く交換品を送ってもらえたらと思います。
가능하면 빨리 교환품을 보내 주셨으면 합니다.

❷ 品物をもう一度 送るので、全額返金してください。
물건을 다시 보내니, 전액 환불해주세요.

❸ この製品、返品したいのですが、どうすればいいですか。
이 제품 환불 받으려면 어떻게 해야 하나요?

❹ こちらに送ってくださったら、さっそく新しい物をお送りいたします。
저희에게 보내 주시면 즉시 새것으로 보내 드리겠습니다.

❺ 返品物と交換物の配達費用はそちらが払ってもらいたいんですが。
반환품과 교환품의 배달 비용을 당신 회사 측에서 부담했으면 합니다.

속담

1. 急がば回れ 급할수록 돌아가라
급할 때일수록 지름길보다 멀지만 안전한 길을 택하는 것이 좋다는 뜻이다.
[急がば]는 옛날표현으로 [急ぐ]의 가정표현이다.

2. 寢耳に水 아닌 밤중에 홍두깨
잠자는 사람의 귀에 물을 부은 것처럼 갑자기 발행한 일에 놀랐을 때 사용하는 표현이다.

3. 千里の道も一歩より始まる 천리길도 한 걸음부터
큰 목표의 계획도 작은 실천에서 시작된다라는 말.

4. 良薬は口に苦し 좋은 약은 입에 쓰다
몸에 좋은 약이 입에 쓰듯이 좋은 충고나 조언은 귀에 거슬리기 마련이다라는 말이다.
[苦し]는 [苦い]의 고어표현이다.

5. たなからぼた餅 선반에서 떡
선반 위의 떡이 굴러 입안으로 들어 왔다라는 의미로 뜻밖의 행운을 나타낸다.

6. 塵も積もれば山となる 티끌 모아 태산
아무리 작은 것이라도 쌓이고 쌓이면 큰 덩어리가 된다라는 의미. 조금씩 꾸준히 해나가다보면 좋은 결과를 얻을 수 있다.

7. 灯台下暗し 등잔 밑이 어둡다
가까운 곳에서 벌어진 일이나 생긴 일을 잘 모른다는 속담이다.

8. 安物買いの銭失い 싼게 비지떡
값싼 물건은 품질도 나빠 결국은 오래쓰지 못해 비싼 물건을 사는 것만 못한 경우에 사용한다.

9. 猫に小判 고양이에 금화(돼지목에 진주)
고양이에게 금화는 아무짝에도 쓸모없는 장난감정도라는 것이다. 따라서 아무리 가치가 있고 좋은 것이라고 해도 그 가치를 모르면 쓸데가 없다는 의미.

10. 好きこそものの上手なれ 좋아하는 것이야말로 잘하게 된다
어떤 일이라도 자신이 좋아하는 일이라면 열심히 하게 되므로 더욱 더 잘하게 된다.

PART 6

서비스 I

Unit 1 은행
Unit 2 미용실
Unit 3 식당
Unit 4 호텔
Unit 5 공항
Unit 6 병원

Tip - 숫자 읽기

Unit 01

은행

094 どんな는 '어떤'이라는 뜻으로 상대방의 의견을 물을 때 사용할 수 있습니다. 또한 여러 개 중에서 어떤 것을 원하는지를 알고 싶을 때 사용할 수 있습니다.
095 ～なければなりません '～(해)야만 합니다'라는 의무의 표현입니다.
096 できますか 는 '가능합니까?'라는 의미입니다.

■ 핵심패턴 익히기

094 どんな口座になさいますか。
当座預金ですか。貯蓄預金ですか。

dialogue

A: 口座を開きたいんですが。
B: どんな口座になさいますか。当座預金ですか。貯蓄預金ですか。
A: 貯蓄預金です。
B: この書式にご記入してください。

A: 계좌를 개설하고 싶습니다.
B: 어떤 것을 원하십니까, 당좌 계좌입니까, 저축 계좌입니까?
A: 저축 계좌입니다.
B: 이 신청서를 작성해 주십시오.

커피랑 홍차랑 어떤 게 좋아? → コーヒーと紅茶とどっちが好き？
어떤 셔츠가 좋으세요? → どんなシャツがお好きですか？
어떤 책부터 봐야하지? → ＿＿＿＿＿＿＿＿＿＿＿＿

정답 094 どんな本から見ればいい？

095 身分証明書を二つ見せてもらわなければなりません。

dialogue

A : 身分証明書を二つ見せてもらわなければなりません。

B : ここにあります。

A : 신분증 두 가지 보여주세요.
B : 여기에 있습니다.

병원에 가야겠습니다. → 病院に行かなければなりません。

당신에 대해서 알아야겠습니다. → あなたについて、もっと知らなければなりません。

잠을 더 자야겠습니다. → _____

096 1万ウォンを円に両替できますか。

dialogue

A : 1万ウォンを円に両替できますか。

B : もちろんです。

A : 만원을 엔으로 환전할 수 있을까요?
B : 물론입니다.

티켓을 교환할 수 있을까요? → チケットを交換できますか。

도와드릴까요? → お手伝いしましょうか。

메시지 좀 남겨도 될까요? → _____

정답 095 もっと寝なければなりません。 099 伝言、お願いしてもいいですか。

상황표현 익히기

계좌 개설/해지할 때

① 口座を開きたいんです。
계좌를 만들고 싶습니다.

② この書式にご記入ください。
양식을 작성해 주세요.

③ ここに暗証番号をご記入ください。
여기에 비밀번호를 적어주세요.

④ いつから引き出せますか。
언제부터 인출이 가능한가요?

입금/인출할 때

① 入金しようと思います。
입금하려고 합니다.

② お金をおろしたいんです。
돈을 좀 찾으려고 합니다.

③ お金を引き出したいんです。
돈을 인출하려고 합니다.

④ すべて1万円にお願いします。
모두 1만엔짜리로 주세요.

⑤ どのくらい入金なさいますか。
얼마나 입금하실 건가요?

환전/ATM

❶ この小切手を現金に替えてもらえますか。
이 수표를 현금으로 바꿀 수 있나요?

❷ 10万ウォンを円に両替できますか。
10만원을 엔으로 환전할 수 있을까요?

❸ ATMコーナーはどこですか。
ATM(현금지급기)이 어디에 있나요?

❹ お金はどうやって引き出しますか。
돈을 어떻게 인출합니까?

❺ 暗証番号をご入力ください。
비밀번호를 누르세요.

Unit 02 미용실

097 どんな~いたしましょうか는 상대방이 무엇을 원하는지 공손하게 물어볼 때 사용하는 표현입니다.
098 ~しましょうか、そうじゃないと는 '~(로)할까요? 그렇지 않으면…'이라는 표현으로 두 가지 중에서 선택을 할 경우에 사용합니다.
099 ~してください는 '~해 주세요'라는 표현입니다.

■ 핵심패턴 익히기

097 どんなスタイルにいたしましょうか。

dialogue

A : どんなスタイルにいたしましょうか。
B : 短く切りたいです。

A : 어떤 스타일을 원하세요?
B : 짧게 자르고 싶습니다.

어떤 종류의 책을 원하세요?	→	どんなジャンルの本をお求めですか。
어떤 종류의 옷을 좋아하세요?	→	どんなスタイルの服がお好きですか。
당신은 어떤 사람입니까?	→	

응용특허 **정답** 097 あなたはどんな人ですか。

098 全体的にクルクルしましょうか。
それとも、毛先だけ少しウェーブしましょうか。

dialogue

A: パーマをかけたいんです。
B: 全体的にクルクルしましょうか。それとも、毛先だけ少しウェーブしましょうか。
A: 毛先だけクルクルしてください。

A: 파마하고 싶습니다.
B: 전체적으로 곱슬곱슬하게 해 드릴까요, 아니면 끝 부분만 약간 곱슬하게 해 드릴까요?
A: 끝 부분만 곱슬하게 해 주세요.

파마하실래요?	→	パーマになさいますか。
간단하게 뭐 좀 먹을래?	→	簡単に何か食べる?
뭐가 되길 바라니?	→	_____

099 まっすぐに伸ばしてください。

dialogue

A: どんなスタイルにいたしましょうか。
B: まっすぐに伸ばしてください。

A: 머리를 어떻게 해드릴까요?
B: 펴 주세요.

웨이브 있게 해주세요.	→	ウェーブを出してください。
간단하게 해라.	→	簡単にしなさい。
좀 더 쉽게 해 주세요.	→	_____

정답 098 何になりたいの? 099 もっとやさしくしてください。

상황표현 익히기

헤어스타일에 대해 물어볼 때

❶ どうなさいましょうか。
어떻게 해드릴까요?

❷ どんな髪型にいたしましょうか。
어떤 스타일을 원하세요?

❸ 短くいたしましょうか、長くいたしましょうか。
짧게 해드릴까요, 길게 해드릴까요?

❹ どのくらい短くしましょうか。
얼마나 짧게 해 드릴까요?

❺ このくらいの長さでいいですか。
이 길이로 그냥 둘까요?

❻ 染めますか。(カラーリングしますか)
염색하시겠어요?

❼ 髪の分け目はどのようにしましょうか。
가르마는 어느 쪽에 타세요?

원하는 헤어스타일 설명할 때

❶ パーマをかけたいんです。
파마하고 싶습니다.

❷ このくらいの長さに切ってください。
이 길이로 잘라 주세요.

❸ クルクルにしてください。
곱슬곱슬하게 해 주십시오.

❹ ウェーブを出してください。
웨이브 있게(구불거리게) 해 주세요.

❺ 伸ばしてください。
펴 주세요.

❻ 少しそろえてください。
약간 다듬어 주세요.

❼ ショートにしようと思います。
머리를 짧게 자르려고요.

기타

❶ いかがですか。
(손질 한 후에) 어떠세요?

❷ お気にめしますか。
(손질 한 후에) 마음에 드세요?

❸ ネールケアしてもらえますか。
손톱 손질을 해 주실 수 있나요?

❹ 腕にいれずみしたいんです。
팔에다 문신을 하고 싶습니다.

❺ ピアスの穴を開けたいです。
귀 뚫고 싶습니다.

Unit 03 식당

100 お決まりですか는 음식점에서 점원이 손님에게 메뉴를 정했는지 물을 때 사용되는 표현입니다.
101 何ですか는 '무엇입니까?'라는 의미입니다.
102 〜ために는 '〜위해서'라는 표현입니다. [명사＋の＋ために]의 형태로 사용합니다.

핵심패턴 익히기

100 ご注文、お決まりですか。

dialogue

A：ご注文、お決まりですか。
B：いつもと同じものにします。

A：주문하시겠습니까?
B：늘 먹던 걸로 주세요.

 응용표현

준비 됐니?	→	用意できたの？
갈 준비 됐니?	→	行くしたくできたの？
결혼할 준비 됐니?	→	_____

응용표현 정답 100 結婚する準備できたの？

101 今日のスペシャルメニューは何ですか。

dialogue

A : 何になさいますか。
B : 今日のスペシャルメニューは何ですか。

A : 주문하시겠습니까?
B : 오늘의 특별 요리가 뭐지요?

이름이 뭡니까? → お名前は何ですか。

요지가 뭡니까? → 話したいことは何ですか。

가장 좋아하는 게 뭔가요? → _____

102 乾杯しましょう。

dialogue

A : 乾杯しましょう。
B : 健康のために。

A : 건배합시다.
B : 건강을 위해.

당신을 위해. → あなたのために。

행복한 커플을 위해. → 幸せなカップルのために。

사랑스런 나의 신부를 위해. → _____

정답 101 一番好きな料理は何ですか。 102 いとしい私の花嫁のために。

상황표현 익히기

주문 및 계산할 때

❶ ご注文はお決まりですか。
주문하시겠습니까?

❷ 何になさいますか。
뭘 드시겠습니까?

❸ ここの自慢の料理は何ですか。
여기서 잘 하는게 뭡니까?

❹ 今日のおすすめの料理は何ですか。
오늘의 특별 요리가 뭡니까?

❺ お勧めしましょうか。
추천해 드릴까요?

❻ こちらでおめしあがりですか、お持ち帰りですか。
여기서 드실 겁니까, 가지고 가실 겁니까?

❼ 割り勘しよう。
각자 내자. / 더치페이 하자.

❽ 私がおごるよ。
내가 살게.

음식과 관련해서 말할 때

❶ レア (ミディアム/ウエルダン) でお願いします。
살짝(보통으로/완전히) 익혀주세요.

❷ 私は味にうるさいです。
저는 식성이 까다로워요.

❸ よだれが出そうだ。
군침 도는데.

❹ 口に合いますか。
입맛에 맞으세요?

❺ おいしい。
맛있다.

❻ 食べすぎたわ。
나 너무 많이 먹었어. / 과식했어.

술과 관련된 표현

❶ あなたのために乾杯します。
당신을 위해 건배하겠습니다.

❷ 一気のみ。
다 마셔(원샷)!

❸ お酒に弱いんです。
전 술 잘 못 마셔요. / 술에 약해요.

❹ 二日酔いがひどい。
숙취가 심해.

❺ (飲みすぎて) 記憶がない。
필름이 끊겼어.

❻ 明日の朝、胸がムカムカするよ。
내일 아침에 속 쓰릴 거야.

Unit 04 호텔

- 103 予約しました는 '예약했습니다'라는 의미입니다.
- 104 お願いします는 '부탁합니다'라는 의미로 상대방에게 뭔가 의뢰하거나 부탁할 경우에 사용합니다.
- 105 おいくつ는 '몇 살'이라는 의미입니다. 몇 장은 '何枚', 몇 사람은 '何人'입니다.

핵심패턴 익히기

103 私の名前で予約しました。私は田中です。

dialogue

A : いらっしゃいませ。(何かお手伝いましょうか。)
B : 私の名前で予約しました。私は田中です。

A : 어서 오십시오.(무엇을 도와드릴까요?)
B : 제 이름으로 예약했습니다. 제 이름은 다나카입니다.

트인 룸을 예약하고 싶습니다.	➜	ツインを予約したいです。
서울행 비행기를 예약하고 싶습니다.	➜	ソウル行きの飛行機を予約したいです。
방을 예약하려고 전화했습니다.	➜	_____

응용표현 정답 103 部屋を予約しようと電話しました。

104 眺めのいい部屋をお願いします。

dialogue

A: 眺めのいい部屋をお願いします。
B: 部屋が空いているかどうか確認してみます。

A: 전망 좋은 방을 원합니다.
B: 방이 비어 있는지 확인해 보겠습니다. 성함이?

1인실로 주세요.	→ シングルルームでお願いします。
이게 좋겠어요. (이걸로 할께요).	→ これがいいですね。 （これをお願いします。）
피자로 주세요.	→ _____

105 お部屋はおいくつ必要ですか。

dialogue

A: お部屋はおいくつ必要ですか。
B: 一部屋でいいです。

A: 방이 몇 개 필요하신 가요?
B: 하나면 됩니다.

표가 몇 장 필요하세요?	→ 切符は何枚必要ですか。
몇 사람이나 있습니까?	→ 何人もいますか。
형제(자매)가 몇이나 되나요?	→ _____

응용표현 **정답** 104 ピザをお願いします。　105 ご兄弟（姉妹）は何人ですか。

상황표현 익히기

예약할 때

① 4泊するつもりです。
4일 밤을 묵을 예정입니다.

② 眺めのいい部屋をお願いします。
전망 좋은 방을 원합니다.

③ 予約ができるかどうか調べてみます。
예약 가능한지 살펴보겠습니다.

④ お部屋がおいくつ必要ですか。
방이 몇 개 필요하십니까?

⑤ 私の名前で予約してください。
제 이름으로 예약해 주십시오.

⑥ 只今満室でございます。
지금은 빈 방이 없습니다.

비용/시설 관련하여 물어볼 때

① 使用料について知りたいです。
사용료에 대해서 알고 싶습니다.

② シングルは一泊、いくらですか。
싱글 룸은 하루, 얼마입니까?

③ 部屋にセーフティーボックスはありますか。
방 안에 금고가 있습니까?

❹ ジムはありますか。
헬스클럽이 있습니까?

❺ 食堂はどちらですか。
식당은 어느 쪽인가요?

❻ 朝ごはんは何時から食べられますか。
아침식사는 몇 시부터 할 수 있나요?

서비스 부탁할 때

❶ 補助ベッドを一つ用意してもらえますか。
간이 침대를 하나 놓아 주실 수 있나요?

❷ 部屋まで荷物運んでくれますか。
방까지 짐을 가져다주시겠어요?

❸ 朝6時にモーニングコールをお願いします。
아침 6시에 모닝콜 부탁드립니다.

❹ 部屋の掃除をしてください。
방 청소(정리) 좀 해주세요.

❺ ドライヤーを借りられますか。
헤어드라이기를 빌릴 수 있을까요?

❻ 鍵がかかって、部屋に入れないんです。
방 안에서 문이 잠겨 들어갈 수 없습니다.

Unit 05 공항

- **106** 座れますか는 '앉을 수 있습니까?'라는 가능표현입니다.
- **107** では '~(을 목적)으로'라는 의미입니다.
- **108** ~つもり 는 '~(할)예정, 생각'으로 [동사기본형+つもり]의 형식으로 사용합니다.

핵심패턴 익히기

106 飛行機の前の方の座席に座れますか。

dialogue

A:飛行機の前の方の座席に座れますか。

B:もちろんです。

A : 비행기 앞좌석 쪽에 앉을 수 있을까요?
B : 물론입니다.

창문 쪽 좌석에 앉을 수 있을까요?	→	窓際の席に座れますか。
성함 좀 말씀해 주시겠어요?	→	お客様のお名前をいただけますか。
지나랑 통화할 수 있을까요?	→	_____

정답 106 ジナさんと話せますか。

107 仕事で来ました。

dialogue

A: 訪問の目的は何ですか。
B: 仕事で来ました。

A : 방문 목적이 무엇입니까?
B : 사업차 왔습니다.

관광차 왔습니다.	➔ 観光で来ました。
심부름으로 왔습니다.	➔ お使いで来ました。
휴가차 왔습니다.	➔ _____

108 ミルトンホテルに泊まるつもりです。

dialogue

A: どこに泊まりますか。
B: ミルトンホテルに泊まるつもりです。

A : 어디서 묵으실 건가요?
B : 밀튼 호텔에서 묵을 예정입니다.

저는 여행갈 예정입니다.	➔ 私は旅行に行くつもりです。
난 평생 살 거야.	➔ 私は永遠に死なないつもりだよ。
너희들이 매우 그리울 거야.	➔ _____

정답 107 休暇で来ました。 108 お前たちがとても恋しくなると思うよ。

상황표현 익히기

비행기 탑승과 관련해서 대화할 때

❶ 窓際（通路側）の席に座れますか。
창가(통로) 쪽 자리에 앉을 수 있을까요?

❷ いつ、搭乗が始まりますか。
언제 탑승을 시작합니까?

❸ 搭乗は出発時間の３０分前から始まります。
탑승은 출발 시간 30분 전부터 시작합니다.

❹ １７番ゲートでお待ちください。
17번 게이트에서 대기해 주세요.

❺ 今、飛行機に乗れますか。
지금 비행기 탈 수 있을까요?

기내에서

❶ 何か読むものをいただけますか。
읽을 것 좀 주시겠어요?

❷ 毛布をいただけますか。
담요 좀 주시겠어요?

❸ 席を替わってもいいですか。
좌석을 좀 바꿔도 될까요?

❹ 安全ベルトをおしめください。
안전벨트를 착용해 주십시오.

❺ ビール、少し飲めますか。
맥주 좀 마실 수 있을까요?

❻ 飲み物はどんな種類がありますか。
음료수는 어떤 종류가 있나요?

❼ 予定より10分、遅れて到着します。
예정보다 10분 늦게 도착하겠습니다.

입출국 심사할 때

❶ 切符とパスポートを見せていただけますか。
표와 여권을 보여 주시겠어요?

❷ どれくらい滞在されますか。
얼마나 머무실 겁니까?

❸ 訪問の目的は何ですか。
방문 목적이 무엇입니까?

❹ 仕事で (観光で) 来ました。
사업(관광)차 왔습니다.

❺ どこに滞在されますか。
어디서 묵으실 건가요?

❻ 申告されるものはありますか。
신고하실 물건이 있나요?

Unit 06 병원

- **109** どうしましたか 는 병원등에서 환자에게 어디가 아파서 왔는지 물어볼 때 사용합니다.
- **110** ～あります는 '있습니다' ありません은 '없습니다'라는 의미입니다.
- **111** ～なければなりません 은 '～해야만 합니다'라는 의미입니다.

핵심패턴 익히기

109 どうしましたか。

dialogue

A: どうしましたか。
B: 熱があって、のども痛いし、鼻水が出ます。

A : 어떻게 오셨나요?
B : 열이 나고, 목이 아프고 콧물이 납니다.

응용표현

뭐가 널 짜증나게 만드니? → 何がいらいらさせるの？

무엇이 그녀를 특별하게 만듭니까? → 何が彼女を特別にさせるのですか。

다음은 뭐지? → _____

응용표현 **정답** 109 次は何？

110 熱があります。

dialogue

A: どんな症状ですか。
B: 熱があります。

A: 증상이 어떻게 되시죠?
B: 열이 있습니다.

감기 걸렸어요.	→	かぜをひきました。
치통이 심해.	→	歯の痛みがひどい。
입맛이 없어요.	→	_____

111 はれるのを防ぐために氷で冷やさなければなりません。

dialogue

A: はれるのを防ぐために氷で冷やさなければなりません。
B: わかりました。ありがとうございます。

A: 붓는 것을 방지하기 위해서 얼음을 얹어 놓아야 합니다.
B: 알겠습니다. 감사합니다.

알아야 합니다.	→	知っておかなければなりません。
매일 샤워해야 합니다.	→	毎日、シャワーを浴びなければなりません。
담배를 끊어야 합니다.	→	_____

정답 110 食欲がありません。 111 たばこをやめなければなりません。

상황표현 익히기

증상 물을 때

❶ どんな症状(しょうじょう)ですか。
증상이 어떻게 되시죠?

❷ どうしましたか。
어떻게 오셨나요?

❸ どこが痛(いた)いですか。
어디가 아프세요?

❹ どこが悪(わる)いですか。
뭐가 문제인 것 같습니까(어디가 아프신가요)?

❺ アレルギーがありますか。
알레르기가 있나요?

증상 설명할 때

❶ かぜひいた。
감기 걸렸어.

❷ 歯(は)が痛(いた)いです。
이가 아파요.

❸ せきが出(で)ます。
기침이 나요.

❹ くしゃみを止(と)められません。
재채기를 멈출 수가 없어요.

❺ 鼻水が出ます。
コンプルイ 나요.

❻ 悪寒がするよ(風邪気味なの)。
몸살 났어.

검사 및 처방할 때

❶ 注射します。
주사 놓겠습니다.

❷ 3週間、お酒、カフェイン、たばこを控えてください。
3주간 술, 카페인, 담배를 삼가십시오.

❸ 十分に休んでください。
충분한 휴식을 취하십시오.

❹ この薬を飲む間は、お酒は飲まないでください。
이 약 드시는 동안에는 술 드시지 마세요.

❺ すぐよくなりますよ。
곧 나아질 겁니다.

숫자 읽기

우리나라말에도 [일, 이, 삼, 사…]라고 읽는 방법과 [하나, 둘, 셋…]하고 읽는 방법이 있듯이 일본어에도 한자어로 읽는 방법과 고유어로 읽는 방법 두 가지가 있다.

1. 한자어

	한자어
일	いち
이	に
삼	さん
사	し/よん/よ
오	ご
육	ろく
칠	しち/なな
팔	はち
구	く/きゅう
십	じゅう
십일	じゅういち

2. 고유어

	고유어
하나	ひとつ
둘	ふたつ
셋	みっつ
넷	よっつ
다섯	いつつ
여섯	むっつ
일곱	ななつ
여덟	やっつ
아홉	ここのつ
열	とお
열하나	じゅういち

고유어로 읽는 방법은 [하나에서 열까지]만이고 [열하나]부터는 [십일]처럼 [じゅういち]라고 읽는다.

한자어는 뒤에 조수사와 함께 쓸 수 있는데, 조수사는 물건의 모양에 따라 사용한다.

本 : 가늘고 긴 것 세는 단위 (연필, 맥주 등)

匹 : 사람보다 작은 동물 세는 단위(개, 고양이 등)

頭 : 사람보다 큰 동물 세는 단위(소, 코끼리 등)

台 : 가전제품이나 자동차등을 세는 단위

枚 : 얇고 넓은 것을 세는 단위(종이 등)

PART 7

서비스 II

Unit 1 관공서

Unit 2 세탁소

Unit 3 약국

Unit 4 도서관

Unit 5 카센터/주유소

Unit 6 기타

Tip - 축약표현

Unit 01

관공서

- 112 どうしますか는 '어떻게 합니까?'라는 표현입니다.
- 113 ～なければなりません은 '～해야만 합니다'라는 뜻으로, 의무를 나타냅니다.
- 114 うかがえる는 うかがう(찾아뵙다)의 가능표현입니다. '찾아뵐 수 있다'라는 의미입니다.

핵심패턴 익히기

112 出生届けはどうしたらいいですか。

dialogue

A : 出生届けはどうしたらいいですか。
B : となりの窓口に行ってください。

A : 출생신고는 어떻게 하죠?
B : 옆 창구로 가세요.

응용표현

수강신청은 어떻게 하나요?	→	受講申請はどうしたらいいですか。
강남까지 어떻게 가나요?	→	カンナムまでどう行きますか。
새 디지털카메라는 어떻게 사용하나요?	→	_____

정답 112 新しいデジカメはどう使いますか。

113 この申請書を作成しなければなりませんか。

dialogue

A : この申請書を作成しなければなりませんか。
B : はい、作成してください。

A : 이 신청서를 작성해야 하나요?
B : 네, 작성해 주세요.

손을 닦아야 하나요? → 手を洗わなければならないですか。

체중을 줄여야만 하나요? → 体重を減らさなければなりませんか。

병원에 가야만 하나요? → _____

114 私がもう一度うかがうことができますか。

dialogue

A : 私がもう一度うかがうことができますか。
B : 後でお知らせします。

A : 제가 다시 찾아뵐 수 있을까요?
B : 나중에 알려드리겠습니다.

제가 웹사이트를 업데이트할 수 있을까요? → 私がウェブサイトを更新することができますか。

미국에서 제 노트북을 사용할 수 있을까요? → アメリカで、私のノートブックを使えますか。

제 사업을 시작할 수 있을까요? → _____

정답 113 病院に行かなければなりませんか。 114 私の事業を始めることができますか。

🔹 상황표현 익히기

부서를 찾을 때

❶ どこへ行かなければなりませんか。
어디로 가야하나요?

❷ 運転免許証はどこで発行されますか。
운전면허증은 어디서 발급받나요?

❸ あの方がお手伝いすることと思います。
저기 저분이 도와드릴 겁니다.

❹ 5番窓口へ行ってください。
5번창구로 가세요.

❺ この窓口は締め切りました。となりの窓口を利用してください。
이 창구는 마감되었습니다. 옆 창구를 이용해 주세요.

서류 신청할 때

❶ この申請書を作成しなければなりませんか。
이 신청서를 작성해야만 하나요?

❷ 番号札をおとりになりましたか。
번호표 뽑으셨어요?

❸ お待ち下さい。
기다려 주세요.

❹ お呼びするまで、お座りなってください。
부를 때까지 앉아 계세요.

❺ 出生/死亡/婚姻届はどうしなければなりませんか。
출생/사망/혼인신고를 어떻게 해야 하나요?

기타

❶ どうして、こんなに長くかかりますか。
왜 이렇게 오래 걸리나요?

❷ 日にちを書いて、サインしてください。
날짜 쓰시고 서명하세요.

❸ ビザを更新しようと思います。
비자를 갱신하려고 합니다.

❹ 火災/盗難/交通事故を申告しようと思います。
화재/도난신고/교통사고를 신고하려고 합니다.

❺ なくなったことに、いつお気づきになりましたか。
없어진 걸 언제 아셨습니까?

Unit 02 세탁소

115 とれる는 とる(얼룩 등을 빼다)의 가능표현입니다.
116 必ず는 '반드시/ 꼭'이라는 뜻입니다.
117 ~にきました는 '~하러 왔습니다'라는 목적을 나타내는 표현입니다.

■ 핵심패턴 익히기

115 このしみ、とれるでしょうか。

dialogue

A : このしみ、とれるでしょうか。
B : よくわかりません。一度やってみます。

A : 이 얼룩 뺄 수 있을까요?
B : 잘 모르겠습니다. 한번 해 보죠.

응용표현

(어떤 상황에서)그게 가능해요?	→	それができますか。
이 문제를 해결하는 게 가능합니까?	→	この問題を解決することができますか。
기록을 갱신하는 게 가능한가요?	→	_____

정답 115 記録の更新することができますか。

116 明日までに、必ず準備しておきます。

dialogue

A : 洗濯物を引き取ってもいいですか。

B : すみません。まだなんです。明日までには、必ず準備しておきます。

A : 세탁물을 찾아가도 될까요?
B : 죄송합니다만 아직 덜 끝났습니다. 내일까지는 꼭 준비해 놓겠습니다.

분명히 즐거운 여행이 되실 겁니다.	→	必ず楽しい旅行になりますよ。
아이들이 규칙적으로 운동하도록 하세요.	→	子供たちに規則的な運動をさせなさい。
충분히 수면을 취하도록 하세요.	→	_____

117 洗濯物を取りに来ました。

dialogue

A : 洗濯物を取りに来ました。

B : ここにあります。

A : 세탁물 찾으러 왔습니다.
B : 여기 있습니다.

배우러 왔습니다.	→	習いに来ました。
자동차를 등록하려고 왔습니다.	→	車を登録しに来ました。
예약하러 왔습니다.	→	_____

응용표현 **정답** 116 十分に、睡眠をとるようにしてください。　117 予約しに来ました。

상황표현 익히기

세탁을 맡길 때

❶ クリーニングお願いします。
드라이크리닝해 주세요.

❷ シャツにアイロンをかけてください。
셔츠 좀 다려주세요

❸ しみをとってください。
얼룩 좀 제거해 주세요.

❹ いつ全部できますか。
언제 다 될까요?

❺ 全部できましたか。
다 됐나요?

수선을 맡길 때

❶ スカートが長いです。直していただけますか。
치마가 깁니다. 수선 좀 해 주시겠어요?

❷ ズボンのすそを少し長くしてください。
바지 길이 좀 늘여주세요.

❸ ウエストを詰めたいんですが。
허리를 줄이고 싶은데요.

❹ ウエストを24インチまで、詰めてください。
허리를 24인치로 줄여주세요.

❺ ひざの部分にあいた穴を直してください。
무릎 부분에 난 구멍을 좀 수선해 주십시오.

기타

❶ しみがとれてないんです。
얼룩이 안 빠졌어요.

❷ アイロンがけがきれいにできてないですね。
다림질이 제대로 되지 않았네요.

❸ 今日までに、仕上がると言ったでしょ。
오늘 될 거라고 말했잖아요.

❹ このしみは、落とせませんでした。
얼룩을 없애지는 못했습니다.

❺ 私の服じゃありません。
제 옷이 아닙니다.

Unit 03 약국

118 ~に悩んでいます는 '~에 시달리고 있습니다'라는 표현입니다.
119 ~が必要です는 '~가 필요합니다'라는 표현입니다.
120 ~かもしれません는 '~일지도 모릅니다'라는 표현입니다.

■ 핵심패턴 익히기

118　不眠症に悩まされています。

dialogue

A : どうしたんですか。
B : 不眠症に悩まされています。

A : 무엇 때문에 그러시죠?
B : 불면증에 시달리고 있어요.

나는 우울증에 시달리고 있어요.	➔	私はうつ病に悩まされています。
할머니는 치매에 시달리고 계세요.	➔	祖母は痴呆に悩まれています。
저는 설사에 시달리고 있어요.	➔	

정답 118 私は下痢に悩まれています。

119 処方箋が必要です。

dialogue

A: 風邪薬を買えますか。
B: 処方箋が必要です。

A: 감기약 좀 살 수 있을까요?
B: 처방전이 필요합니다.

당신은 그녀가 필요해요. → あなたは彼女が必要です。

너는 DVD플레이어가 필요해. → あなたはDVDプレーヤーが必要だよ。

당신은 신분증이 필요합니다. → _____

120 眠くなるかもしれません。

dialogue

A: この薬の副作用はありませんか。
B: そうですね。すこし眠くなるかもしれません。

A: 이 약의 부작용은 없나요?
B: 글쎄요. 졸리실 수도 있어요.

(네가) 그 사람을 알 수도 있어. → その人を知っているかも。

너도 하나 원할 수 있어. → あなたも一つ希望できるかも。

네가 니콜을 좋아할 수도 있어. → _____

정답 119 あなたは身分証が必要です。　120 あなたがニコールさんを好きになるかも。

상황표현 익히기

약국에서

① 処方箋、いただけますか。
처방전 좀 주시겠어요?

② 処方箋が必要です。
처방전이 필요합니다.

③ それを傷にぬってください。
그것을 상처에 바르세요.

④ その傷には、このなんこうが一番ききます。
그 상처에는 이 연고가 제일 좋아요.

⑤ 医者に行かなければならないと思います。
의사한테 가셔야 할 것 같은데요.

증상

① アスピリンがありますか。
아스피린 있나요?

② お腹が張っています。
배에 가스가 차요.

③ お腹をこわしました。
배속이 꼬여요.

④ 一週間もの間、トイレへ行けませんでした。
일주일동안 화장실에 못 갔어요.

❺ 便秘<ruby>べんぴ</ruby>です。
변비가 있어요.

약의 부작용

❶ 副作用<ruby>ふくさよう</ruby>がありますか。
부작용이 있나요?

❷ 飲<ruby>の</ruby>みすぎないでください。
과량 복용하지 마세요.

❸ この薬<ruby>くすり</ruby>を飲<ruby>の</ruby>む時<ruby>とき</ruby>には、なるべくコーヒーを飲<ruby>の</ruby>まないでください。
이 약을 복용할 때는 되도록이면 커피를 마시지 마세요.

❹ 眠<ruby>ねむ</ruby>くなるかもしれません。
졸릴 수도 있어요.

❺ はきたくなるかもしれません。
토하고 싶을 수도 있어요.

Unit 04 도서관

121 初めてですか는 '처음입니까?'라는 표현입니다.
122 どうしますか는 '어떻게 합니까?'라는 뜻의 표현입니다.
123 必ず～ようにしてください는 '반드시 ～하도록 하세요'라는 뜻입니다.

■ 핵심패턴 익히기

121 図書館の利用は初めてですか。

dialogue

A : この本を借りるには、どうしなければなりませんか。
B : 図書館の利用は初めてですか。

A : 이 책을 빌리려면 어떻게 해야 하나요?
B : 도서관 이용이 처음이신가요?

그걸 들은 게 처음이에요?	→	それを聞いたのは、初めてですか。
기절한 것이 이번이 처음입니까?	→	気絶したのは、初めてですか。
김밥을 먹는 것이 이번이 처음이에요?	→	_____

응용표현 정답 121 のり巻きを食べるのが、今回初めてですか。

122 もし、私がさがしている本がなかったら、どうすればいいですか。

dialogue

A : もし、私がさがしている本がなかったら、どうすればいいですか。

B : その時は、私に本のタイトルを言ってください。

A : 제가 찾는 책이 없으면 어떻게 하나요?
B : 그럼, 저한테 책 제목을 알려주세요.

만약 비가 오면 어떻게 하나요?	➡	もし、雨が降ったら、どうすればいいですか。
만약 제가 거절당하면 어떻게 하나요?	➡	もし、私が断られたら、どうすればいいですか。
만약 제가 패스워드를 잊어버리면 어떻게 하나요?	➡	_____

123 本を借りるなら、必ず身分証を持ってくるようにしてください。

dialogue

A : 本を借りるなら、必ず身分証を持ってくるようにしてください。

B : はい、そうします。

A : 책을 빌리려면 신분증을 반드시 가져오세요.
B : 네, 그럴게요.

건물 안에서 절대로 뛰지 않도록 하세요.	➡	建物の中では、絶対走らないようにしてください。
반드시 시간 안에 등록하도록 하세요.	➡	必ず、時間内に登録するようにしてください。
그것은 절대 놓치지 마세요.	➡	_____

응용표현 정답 122 もし、私がパスワードを忘れてしまったら、どうすればいいですか。 123 それは、絶対のがさないようにしてください。

상황표현 익히기

도서관이용

① まず、会員に登録しなければなりません。
회원으로 먼저 등록하셔야 합니다.

② 図書館カードを見せていただけますか。
도서관 카드를 좀 보여주시겠어요.

③ 身分証をお持ちですか。
신분증 가지고 계십니까?

④ コンピューターで、本がご検索できます。
컴퓨터를 통해서 책을 검색하실 수 있어요.

⑤ もし、私がさがしている本がなかったら、どうすればいいですか。
제가 찾는 책이 없으면 어떻게 하나요?

대출

① この本を借りたいんですが。
이 책을 대출하고 싶은데요.

② これらを借りられますか。
이것들을 대출할 수 있을까요?

③ 資料は何日ぐらい、借りられますか。
자료는 며칠 동안 대출이 가능한가요?

④ テープも借りられますか。
테이프들도 대출이 가능한가요?

❺ 予約した本は、どこで見つけられますか。
예약된 책들은 어디에서 찾을 수 있나요?

반납

❶ 本の返却はいつしなければなりませんか。
책 반납은 언제 해야 하나요?

❷ 返却が遅れると、延滞料金があります。
기일 내에 반납하지 않으시면 연체료가 있습니다.

❸ 予約した資料は、必ず窓口まで持って来ていただかなければなりません。
예약이 된 자료들은 반드시 창구로 갖다 주셔야 합니다.

❹ 返却の時、図書館カードが必要ですか。
자료를 반납할 때 도서관 카드가 필요한가요?

Unit 05 카센터/주유소

- 124 ～がなくなります는 '～떨어져 갑니다'라는 뜻입니다.
- 125 どうして～しなかったんですか는 '어째서 ～하지 않았습니까?'라는 표현입니다.
- 126 どれくらいかかりますか는 '어느 정도 비용이 듭니까?'라는 표현입니다.

핵심패턴 익히기

124 ガソリンがなくなりますよ。

dialogue

A: ガソリンがなくなりますよ。
B: 近(ちか)いガソリンスタンドによって、行(い)きましょう。

A: 기름(연료)가 다 떨어져 가요.
B: 가까운 주유소에 들렀다 갑시다.

설탕이 다 떨어졌다.	➜	さとうが全部(ぜんぶ)なくなった。
빵이 떨어지면 케이크를 먹는다.	➜	パンがなくなったら、ケーキを食(た)べる。
석유가 떨어졌나요?	➜	_____

정답 124 石油(せきゆ)がなくなりましたか。

125 どうしてエンジンオイルを確認しなかったんですか。

dialogue

A: どうして、エンジンオイルを確認しなかったんですか。
B: しました。何か問題ありますか。

A: 왜 엔진오일을 확인하지 않았나요?
B: 했어요. 무슨 문제 있나요?

세차 왜 안했어요?	→	どうして、洗車しなかったんですか。
왜 그렇게 말하지 않았니?	→	どうして、そう言わなかったの。
왜 나를 내보내지 않았어요?	→	_____

126 バンパーの交換に、どれくらいかかりますか。いくらかかりますか。

dialogue

A: バンパーの交換に、どれくらいかかりますか。
B: ２５万ウォンかかります。

A: 범퍼 가는데 얼마나 드나요?
B: 25만원 듭니다.

얼마나 들까요?	→	どれくらいかかるでしょうか。
약 140만 달러 정도가 소요됩니다.	→	約１４０万ドルくらいかかります。
수강하는데 비용이 얼마나 들까요?	→	_____

응용표현 **정답** 125 どうして、私を出させなかったんですか。 126 受講するのに、費用がどれくらいかかりますか。

상황표현 익히기

주유할 때

① ガソリンがほとんどないんです。
연료가 거의 없어요.

② ガソリンを入れなくちゃ。
주유 해야겠다.

③ ガソリンを入れに行こう。
주유하러 가자.

④ 満タン、お願いします。
가득 넣어 주세요.

⑤ 3万ウォンだけ入れてください。
3만원어치 넣어주세요.

⑥ 満タンです。
가득요.

점검 및 수리

① エンジンがかからないんです。
차가 시동이 안 걸려요.

② タイヤがパンクしました。
타이어가 펑크 났어요.

③ ハンドルがなめらかに動きません。
운전대가 빡빡해요.

④ エンジンから、変な音がします。
엔진에서 소리가 나요.

⑤ エンジンオイルを見てください。
엔진오일 좀 봐 주세요.

기타

① 車が雨でスリップしました。
차가 빗길에서 미끄러졌어요.

② トラックに後ろから追突されました。
트럭이 뒤에서 제 차를 받았어요.

③ 洗車してください。
세차 좀 해 주세요.

④ 見積書を送ってください。
견적서 좀 보내주세요.

⑤ 費用がどれくらいかかりますか。
비용이 얼마나 들까요?

Unit 06 기타

- **127** ～てもいいですか는 '～해도 좋습니까?'라는 표현입니다.
- **128** 気をつけてください는 '주의 하세요'라는 표현입니다.
- **129** まだ～ない는 '아직 ～않다'라는 표현입니다.

핵심패턴 익히기

127 現像してもいいですか。

dialogue

A: 現像してもいいですか。

B: もちろんです。

A : 필름 현상해도 되나요?
B : 물론 됩니다.

그는 왼쪽 다리가 부러졌다.	→	彼は右の足を骨折した。
그녀는 구두를 닦았다.	→	彼女は靴を磨いた。
머리 잘랐다.	→	_____

응용표현 정답 127 髪を切った。

128 ピンボケしないように、気をつけてください。

dialogue

A: ピンボケしないように、気をつけてください。
B: はい、わかりました。

A: 초점이 흐려지지 않도록 조심해 주세요.
B: 예, 알겠습니다.

너무 많이 먹지 않도록 주의 하세요. → 食べすぎないように、気をつけてください。

과속하지 않게 주의 하세요. → スピードを出しすぎないように、気をつけてください。

감기 걸리지 않게 조심하세요. → _____

129 まだ見てないんです。

dialogue

A: これ(映画、音楽など)はどうですか。
B: まだ、見てないんです。それをください。

A: 이것(영화, 음악 등)은 어때요?
B: 아직 보지 못했습니다. 그걸로 주세요.

나는 아무데도 가지 않았다. → 私はどこにも行かなかった。

우리 전에 만나지 않았나요? → 私たち、前に会ったことがありませんか。

내가 원하는 것을 아직 찾지 못했다. → _____

정답 128 風邪をひかないように、気をつけてください。 129 まだ、私が望むことを見つけられなかった。

상황표현 익히기

사진관에서

① 現像したいんですが、いくらですか。
현상하고 싶은데 얼마입니까?

② このフィルム、現像するのに、どれくらいかかりますか。
이 필름 현상하는데 얼마나 걸립니까?

③ いつできますか。
언제 됩니까?

④ この写真を引き伸ばしたいんですが。
이것을 확대하고 싶은데요.

⑤ 写真より実物の方がいい。
사진이 실물보다 낫다.

⑥ フィルムを一つください。
필름 한 통주세요.

비디오가게에서

① どんなものがお借りになりたいですか。
어떤 것을 빌리고 싶으세요?

② 特別にお探しの映画がありますか。
특별히 찾으시는 영화가 있으세요?

③ この映画は、子ども向けですか。
이 영화는 어린이용인가요?

④ ハリーポッターはまだ、ありますか。
해리포터 아직 있나요?

⑤ 元にもどしてください。
(제자리에) 도로 갖다 놔요.

수리/수선집에서

① これを直してもらえますか。
이것 좀 수리해 주시겠어요?

② ちゃんと動かないんです。
제대로 작동하지 않습니다.

③ テレビがこわれてしまいました。
TV가 고장 났습니다.

④ 二日前に買ったばかりです。
이틀 전에 구입한거예요.

⑤ 見積書です。
견적서입니다.

축약표현

실제로 배운 문법과 사용하는 표현이 달라서 당황하는 경우가 있다. 이럴 경우는 대부분이 축약형이 나온 경우이다.

1. ~では ⇒ ~じゃ

それでは、また会いましょう。(그럼 또 만나요.)
⇒ それじゃ、また会いましょう。

2. ~ている ⇒ ~てる

部屋で本を読んでいます。(방에서 책을 읽고 있습니다.)
⇒ 部屋で本を読んでます。

ハンバーガーを食べています。(햄버거를 먹고 있습니다.)
⇒ ハンバーガーを食べてます。

3. ~てしまう ⇒ ~ちゃう

大事な書類を捨ててしまいました。(중요한 서류를 버려 버렸습니다.)
⇒ 大事な書類を捨てちゃいました。

高いかばんを買ってしまいました。(비싼 가방을 사버렸습니다.)
⇒ 高いかばんを買っちゃいました。

4. ~ておく ⇒ ~とく

メールを書いておきました。(메일을 써 두었습니다.)
⇒ メールを書いときました。

5. ~てあげる ⇒ ~たげる

デジカメを買ってあげました。(디지털카메라를 사주었습니다.)
⇒ デジカメを買ったげました。

PART 8

교제

Unit 1 연애를 주제로 한 대화

Unit 2 데이트 신청/고백

Unit 3 이별

Unit 4 외모

Unit 5 성격

Unit 6 관심사

Tip - 경어

Unit 01

연애를 주제로 한 대화

- **130** ~たらどう?는 '~하는 게 어때?'라는 권유의 표현입니다.
- **131** 自信がない는 '확신이 서지 않을 때' 사용하는 표현입니다. 반대말은 自信がある 입니다.
- **132** それが는 '바로 그게~'라는 의미로 이유나 원인을 알았을 때 말하는 표현입니다.

■ 핵심패턴 익히기

130 行ってデートに誘ったら、どう?

dialogue

A: 行ってデートに誘ったら、どう?
B: うん。そうするよ。

A: 가서 데이트 신청해보지 그래?
B: 좋아. 그래야겠다.

응용
표현

맥주 한잔 하는 게 어때?	→	ビール、一杯どう?
직업을 구하는 게 어때?	→	仕事を探したら、どう?
나를 내버려두는 것은 어때?	→	_____

응용표현 **정답** 130 私をほっといたら、どう?

131 彼女も私が好きかどうか自信がないよ。

dialogue

A: 私は好きな人がいるんだ。でも彼女も私が好きかどうか自信がないんだけど。
B: 心配しないで。彼女もきっとあなたが好きに違いないよ。

A: 내가 좋아하는 여자가 있어. 그렇지만, 그녀도 날 좋아하는지 확신이 서질 않아.
B: 걱정하지 마. 그녀도 분명히 널 좋아할 거야.

네가 날 도와줄 수 있을지 잘 모르겠다.	➔	あなたが私を助けられるか、よくわからない。
난 네가 옳다고 확신해.	➔	あなたが正しいのは間違いないと思うよ。
그녀는 분명히 널 사랑할 거야.	➔	_____

132 あの人をふった理由はそれだったんだね。

dialogue

A: 愛子さんって彼氏と別れたんだって。彼氏が浮気したのがわかったんだって。
B: あの人をふった理由はそれだったんだね。

A: 아이코 걔 남자친구랑 헤어졌대. 남자 친구가 바람피운 걸 알았대.
B: 그 사람을 찬 이유가 그거구나.

그게 바로 내가 널 사랑하는 이유야.	➔	それがまさに私があなたを愛する理由だよ。
그래서 내가 왔어.	➔	それで私が来たんだ。
그게 바로 내가 널 떠날 수 없는 이유야.	➔	_____

응용표현 정답 131 彼女はきっとあなたを愛してるに違いない。 132 それがまさに私があなたと離れられない理由だよ。

상황표현 익히기

이성에 대한 관심 표현할 때

① 彼女は完全な僕のタイプだ。
완전히 내 스타일이야!

② 彼は私の理想だ。
내 이상형이야.

③ 彼女は私の理想の花嫁だよ。
그녀는 나의 이상적인 신부감이야.

④ 二人は、相性がよさそうだね。
걔네 서로 잘 맞을 거야.

⑤ 二人は相性がよくないと思う。
걔네는 서로 맞지 않아.

만남

① 彼の紹介で合コンに行った。
그의 소개로 소개팅에 갔다.

② 僕に紹介してくれる友達いないの？
나 소개시켜 줄 친구 없어?

③ デートに誘ったよ。
데이트 신청했어.

④ ふられちゃった。
거절당했어(채였어).

❺ 彼女と付き合うの？
그녀랑 사귀니?

교제 중이거나 이별했음을 전할 때

❶ 彼女のどこが好きなの？
그 여자 어디가 좋은 거야?

❷ 私たちは今、付き合ってる仲だよ。
우린 지금 사귀는 사이야.

❸ 鈴木さんが私にプロポーズしたわ。
스즈키씨가 내게 청혼했어.

❹ 私たち別居することにした。
우리 별거하기로 했어.

❺ あの人と別れたよ。
그 사람이랑 헤어졌어.

❻ あの子と別れようと思う。
재랑 헤어질 거야.

Unit 02
데이트 신청/고백

- 133 ~ている는 현재의 진행상황을 묻는 표현입니다.
- 134 ~ずにはいられない는 '~하지 않을 수 없다'라는 뜻입니다.
- 135 ~してくれる？ '~해 줄래?'라는 의미로 상대방의 의향을 묻는 표현입니다.

▪ 핵심패턴 익히기

133 付き合っている人、いる？

dialogue

A: 付き合っている人、いる？
B: ううん、でもどうして聞くの？

A: 누구 만나고 있어요?
B: 아니, 그런데 왜 물어보는 거야?

그녀랑 사귀니(만나니)?	→	彼女と付き合ってるの？
숙제 하니?	→	宿題しているの？
TV 보니?	→	_____

정답 133 テレビ、見てるの？

134 私はあなたと恋に落ちずにはいられないんです。

dialogue

A : 私はあなたと恋に落ちずにはいられないんです。
B : すみませんが、私にはもう彼氏がいます。

A : 난 당신과 사랑에 빠지지 않을 수가 없어요.
B : 미안하지만, 전 남자친구 있어요.

널 사랑하지 않을 수 없어. ➡ あなたを愛さずにはいられない。

그에게 화내지 않을 수 없어. ➡ 彼に腹が立たずにはいられない。

그녀를 존경하지 않을 수 없어. ➡ _____

135 ぼくと結婚してくれる？

dialogue

A : ぼくと結婚してくれる？
B : うん、愛してるよ。

A : 나랑 결혼해 줄래?
B : 응. 사랑해.

나랑 같이 있을래? ➡ ぼくと一緒にいてくれる？

나랑 데이트 할래? ➡ ぼくとデートしてくれる？

영화 보러 갈래? ➡ _____

정답 134 その女性 (彼女) を尊敬せずにはいられない。 135 映画見に行く？

상황표현 익히기

데이트 신청할 때

① 付き合っている人、いますか。
만나는 사람 있어요?

② 今度の金曜日、私とデートしませんか。
금요일에 나랑 데이트할래요?

③ ぼくと夕食でも一緒にどう？
나랑 저녁 먹을래?

④ 土曜日に会える？
토요일에 만날 수 있니?

⑤ いつ会えますか。
언제 만날 수 있을까?

⑥ 都合がよければ、4時に会いたいです。
가능하시다면 4시에 만나고 싶습니다.

데이트 신청을 수락/거절할 때

① ありがたいけど、遠慮するよ。
고맙지만 사양할게.

② 申し訳ないんですが、だめです。
죄송하지만 안 되겠어요.

③ すみませんが、彼氏がいます。
미안하지만, 전 남자친구 있어요.

❹ やめて、そんなこと絶対ないよ。
관둬. 그런 일 절대 없을 거야.

❺ 私たちは絶対だめ。
우린 절대 안 돼.

고백/청혼할 때

❶ 私はあなたと恋に落ちずにはいられないんです。
난 당신과 사랑에 빠지지 않을 수가 없어요.

❷ あなたのことが好きです。
좋아합니다.

❸ (本当に) 愛しています。
(정말) 사랑합니다.

❹ あなたは私のすべてです。
당신은 내 전부입니다.

❺ ぼくと結婚してくれる?
나랑 결혼해 줄래?

❻ もちろんよ。愛してるよ。
물론이지. 사랑해.

❼ まだ、あなたを愛しているみたい。
아직 널 사랑하나봐.

Unit 3 이별

- **136** ～ことがある '～할 것이 있다'라는 표현입니다.
- **137** まさか～とは思わなかった '설마 ～라고는 생각하지 않았다'라는 뜻으로 상대방에 대한 실망이나 원망의 마음을 표현합니다.
- **138** 誰が '누가'라는 말입니다.

핵심패턴 익히기

136 あなたに話したいことがある。

dialogue

A: あなたに話したいことがある。こんなことはもうこれ以上無理だよ。
B: 私と別れたいの？

A: 당신한테 할말 있어. 이렇게는 더 이상 안 돼.
B: 나랑 헤어지고 싶은 거야?

너한테 줄 게 있어.	➔	あなたにあげるものがある。
보여줄 게 있어.	➔	見せたいものがある。
당신에게 물어볼 게 있습니다.	➔	_____

응용표현 **정답** 136 あなたに聞きたいことがあります。

137 まさか、あなたが私にこんなことするとは思わなかった。

dialogue

A : まさか、あなたが私にこんなことするとは思わなかった。
B : 何の話をしてるんだ。
A : 私をだましたじゃない。

A : 네가 나한테 어떻게 이럴 수 있어?
B : 무슨 얘기 하고 있는 거야?
A : 나를 속였어.

어떻게 나를 배신할 수 있니?	→	まさか、私を裏切るとは思わなかった。
어떻게 그 사람한테 그 돈을 줄 수 있니?	→	まさか、あの人にお金をあげるとは思わなかった。
어떻게 그렇게 말할 수 있니?	→	_____

138 誰がそんなこと言ったの？

dialogue

A : 浮気したでしょ？
B : 誰がそんなこと言ったの？

A : 바람피웠지?
B : 누가 그런 말을 했니?

누가 그랬니?	→	誰がそう言ったの？
누가 너한테 꽃을 줬지?	→	誰があなたに花をくれたの？
누가 시켰니?	→	_____

정답 137 まさか、そのように言うとは思わなかった。 138 誰がさせたの？

상황표현 익히기

다툴 때

❶ がっかりだよ。
실망이야.

❷ 私（わたし）がひどかったよ。
내가 심했어.

❸ ひどすぎる。
너무 한다.

❹ 本当（ほんとう）に失礼（しつれい）な人（ひと）だね。
정말 무례하다.

❺ 口（くち）ごたえするな。
말대답 하지 마.

변명할 때

❶ とぼけるな。
시치미 떼지 마.

❷ いい加減（かげん）にして。
그만해.

❸ ばかなこと言（い）うな。
바보 같은 소리 그만해.

❹ 事実（じじつ）じゃない。
사실이 아니야.

❺ 私とは関係ないよ。
나랑은 상관없는 일이야.

❻ 誤解しないで。
오해하지 마.

❼ 誰がそんなこと、言った？
누가 그런 말을 했니?

헤어질 때

❶ あなたにもうあきたよ。
너한테 싫증났어.

❷ あなたにもううんざりだよ。
너라면 이제 치가 떨려.

❸ 私は遊ばれる相手じゃない。
난 잠깐 노는 상대가 아니야.

❹ 私はもうあなたを忘れた。
난 너 잊었어.

❺ あなたとはおしまいよ。
너랑은 끝이야.

❻ もう会わない方がいい。(もう会うのは止めよう。)
우리 그만 만나자.

❼ 私を捨てるの？
날 버릴 거야?

Unit 04 외모

- 139 きれいだ는 '예쁘다, 깨끗하다' 라는 의미입니다.
- 140 とても 는 부사로 '매우, 아주'라는 의미입니다.
- 141 ~みたい는 '~같다'라는 의미로 뭔가에 비유하거나 예시로 들 때 사용합니다.

■ 핵심패턴 익히기

139 本当にきれいだ。

dialogue

A: あの女の人見て、本当にきれいだね。
B: 本当にきれいだ。

A: 저 여자 좀 봐. 정말 아름다워.
B: 진짜, 예쁘다!

저 여자 아름답다.	→	あの女の人は美しい。
그는 매우 잘 생겼다.	→	彼はとてもハンサムだ。
저 남자 정말 섹시한걸.	→	_____

정답 139 あの男の人、本当にセクシーだね。

140 彼はとても優しい人だよ。

dialogue

A: 彼のどこが好きなの？
B: 彼はとても優しい人だよ。

A : 그 남자 어디가 좋은 거야?
B : 그는 너무 자상한 사람이야.

그녀는 아주 귀여워.	→	彼女は本当にかわいい。
그녀는 얼굴이 아주 예뻐.	→	彼女は顔がとてもきれい。
넌 정말 멍청해.	→	_____

141 映画女優みたい。

dialogue

A: ちょっと、あの女の人、見て。
B: 映画女優みたい。

A : 저 여자 좀 봐.
B : 영화배우처럼 생겼어!

당신은 당신 엄마를 닮았어요.	→	あなたはお母さんに似ている。
그는 내가 아는 사람과 닮았어요.	→	彼は私の知り合いに似ている。
그녀는 안젤리나 졸리 같아요.	→	_____

정답 140 君は本当にまぬけだね。　141 彼女はアンジェリーナ・ジョリーみたいです。

상황표현 익히기

외모 설명할 때

❶ 彼女はとても美しい。
그녀는 매우 아름다워.

❷ 彼の彼女は本当にブスだよ。
그의 여자 친구는 정말 못생겼어.

❸ 彼はハンサムな方じゃない。
그는 잘생긴 편이 아니다.

❹ 彼らはそっくりだ。
그들은 똑같아.

❺ 目がとてもきれいですね。
눈이 참 예쁘네요.

❻ 彼女はえくぼがあります。
그녀는 보조개가 있어요.

나이 관련해서 말할 때

❶ おいくつですか。
몇 살이세요?

❷ そう見えないけど。
그렇게 안 보이는데.

❸ あなたは本当の年より若く見えますよ。
당신은 실제보다 젊어 보여요.

④ 二十歳(はたち)そこそこになりました。
스물 살쯤 됐어요.

⑤ 私(わたし)と同(おな)い年(どし)みたいだけど。
내 나이 또래인 것 같은데.

옷차림/화장에 대해서 말할 때

① 彼女(かのじょ)は本当(ほんとう)におしゃれです？
그녀는 정말 멋쟁이에요.

② 化粧(けしょう)されましたか。
화장하셨어요?

③ 私(わたし)は化粧(けしょう)しません。
나는 화장을 하지 않습니다.

④ ヘアスタイル、かえましたか。
헤어스타일 바꿨어요?

⑤ 彼女(かのじょ)は髪(かみ)を編(あ)んでいました。
그녀는 머리를 땋고 다녔어요.

⑥ ストッキングが伝線(でんせん)しました。
스타킹에 올이 나갔어요.

Unit 05 성격

142 ~と思います '~라고 생각 합니다'로 자신의 의견을 말할 때 사용 합니다
143 どんなは 주어의 상태, 상황을 묻는 표현입니다.
144 興味ないは '~에 흥미가 없다, ~에 대해 신경을 쓰지 않는다'라는 뜻입니다.

■ 핵심패턴 익히기

142 私は、あなたは寛大だと思います。

dialogue

A: 私は、あなたは寛大だと思います。
B: いいえ。

A: 제 생각에 당신은 관대한 것 같아요.
B: 아니에요.

당신이 옳다고 생각해.	→	あなたが正しいと思う。
난 충분하다고 생각합니다.	→	私は、十分だと思う。
그건 협박이라고 생각해.	→	_____

응용표현 **정답** 142 それは脅迫だと思う。

143 彼はどうですか。

dialogue

A: 彼はどうですか。
B: 少しおしゃべりです。

A: 그 사람 어때요?
B: 말이 좀 많아요.

그는 성격이 어때요?	→	彼の性格はどうですか。
날씨가 어때요?	→	天気はどうですか。
당신 상사는 어때요?	→	_____

144 あの人は、人に興味ないよ。

dialogue

A: あの人は、人に興味ないよ。
B: そうそう、彼は自己中心的だわ。

A: 그 사람은 남을 신경 쓰지 않아.
B: 맞아. 그는 자기중심적이야.

나는 그에 대해 신경 쓰지 않아(관심 없어).	→	私は彼に興味ないよ。
나는 월드컵에 관심 없어.	→	私はワールドカップに興味ないよ。
나는 결과에 신경 쓰지 않아.	→	_____

정답 143 あなたの上司はどうですか。 144 私は結果に興味ないよ。

상황표현 익히기

성격에 대해 물을 때

❶ 彼はどうですか。
그 사람 어때요?

❷ 彼の性格はどうですか。
그는 성격이 어때요?

❸ 彼はどんな人ですか。
그는 어떤 사람이에요?

❹ あなたは自分についてどう思いますか。
당신은 자신에 대해 어떻게 생각하나요?

❺ 彼の長所は何ですか。
그의 장점이 뭐예요?

❻ 彼の短所は何ですか。
그의 단점이 뭐예요?

성격에 대해 설명할 때

❶ 私は楽天的です。
저는 낙천적입니다.

❷ 私はまじめで、前向きです。
나는 근면하고 외향적입니다.

❸ 彼女は内気で、とても静かな人です。
그녀는 수줍고 매우 조용한 사람입니다.

④ 彼女はとても保守的です。
그녀는 매우 보수적이에요.

⑤ 私にはユーモア感覚があります。
나는 유머감각이 있습니다.

다른 사람의 성격 판단할 때

① あの人、どう。
그 사람 어때?

② あなたは寛大な人みたいです。
당신은 관대한 것 같아요.

❸ 彼は性格がよさそうです。
그는 성격이 좋은 것 같아요.

④ 彼は人に気を使わないよ。
그 사람은 남을 신경 쓰지 않아.

⑤ あの人はそんな人じゃない。
그는 그런 사람 아니야.

⑥ あなたは私と似てるんですね。
당신은 저랑 비슷하군요.

Unit 06 관심사

- **145** ～が好きです는 '～을(를) 좋아합니다'라는 표현입니다.
- **146** ～が得意です는 '～을(를) 잘합니다(특기입니다)'라는 표현입니다.
- **147** ～たくてたまらない는 '～(하고)싶어서 견딜 수 없다'라는 표현입니다. [동사의 ます형＋たくてたまらない]형태로 사용합니다.

■ 핵심패턴 익히기

145 私は買い物するのが好きです。

dialogue

A : 暇な時は、何をしますか。
B : 私は買い物するのが好きです。

A : 여가 시간에 뭐 하세요?
B : 쇼핑하러 가는 것 좋아해요.

여행 다니는 것 좋아해요. → 旅行に行くのが好きです。

팬케이크 만드는 것 좋아해. → パンケーキを作るのが好き。

친구들이랑 이야기하는 것 좋아합니다. → _____

정답 145 友達と話すのが好きです。

146 私は料理が得意だよ。

dialogue

A: 私は料理が得意だよ。
B: 本当？私は苦手なの。

A: 난 요리를 잘해.
B: 정말? 난 잘 못해.

난 수영을 잘합니다. → 私は水泳が得意です。

그는 운동을 잘 못해. → 彼は運動が苦手です。

나는 노래를 잘 해요. → _____

147 釣りに行きたくてたまらない。

dialogue

A: 釣りに行きたくてたまらない。
B: 今度の週末、釣りに行くのはどう？

A: 낚시하러 가고 싶어 죽겠다.
B: 이번 주말에 낚시하러 가는 게 어때?

네가 보고 싶어 죽겠다. → あなたに会いたくてたまらない。

담배피고 싶어 죽겠다. → たばこが吸いたくてたまらない。

트위스터 게임하고
싶어 죽겠다. → _____

응용표현 **정답** 146 私は歌が得意です。 147 ツイストゲームがしたくてたまらない。

상황표현 익히기

취미/관심사에 대해 물어볼 때

① 映画みるの、好きですか。
영화 보는 거 좋아해요?

② あなたはサッカーのファンなの(あなたはサッカーが好きなの)?
너 축구 팬이니(좋아하니)?

③ 韓国の歴史に興味がありますか。
한국 역사에 관심 있어요?

④ 趣味は何ですか。
취미가 뭐예요?

⑤ 何に興味あるの?
뭐에 관심 있니?

⑥ 休みの時、何してくつろぎますか。
여가 시간에 무엇을 합니까?

⑦ 暇な時、どう過ごしますか。
여가 시간 어떻게 보내세요?

취미/관심사 말할 때

① 私は映画マニアだよ。
난 영화광이야.

② 彼は釣りにはまってる。
그는 낚시에 미쳤어요.

❸ 私は音楽を聞くのが好き。
난 음악 듣는 거 좋아해.

❹ 仕事が終わったら、たいてい買い物に行きます。
일 끝나면 대개 쇼핑하러 가요.

❺ ゴルフを始めた。
골프를 시작했어.

❻ 買い物より好きなものはない。
쇼핑보다 좋아하는 것은 없어.

관심사에 대해 대화할 때

❶ 英語は私の好きな科目じゃない。
영어는 내가 좋아하는 과목이 아니야.

❷ CSIは私の大好きな番組なの。
CSI는 내가 좋아하는 프로야.

❸ 私は歌とダンスが苦手です。
나는 노래와 춤을 못 해.

❹ 水泳に行きたくて、たまらない。
수영하러 가고 싶어 죽겠어.

❺ 私はジャズが好き。
난 재즈를 즐겨(좋아해).

❻ 彼はギャンブルにはまってるよ。
그는 도박에 빠져 있어.

경어

1. 존경어

상대방을 자신보다 높이는 표현이다. 주로 연장자, 상급자, 고객에게 사용한다.

동사	존경어
行きます(갑니다)	いらっしゃいます
来ます(옵니다)	(가십니다, 오십니다, 계십니다)
います(있습니다)	
します(합니다)	なさいます(하십니다)
会います(만납니다)	お会いになります(만나십니다)
見ます(봅니다)	ご覧になります(보십니다)
食べます／飲みます(먹습니다/마십니다)	召し上がります(드십니다)

社長、いらっしゃいますか。(사장님, 계십니까?)
どうぞ、召し上がってください。(어서 드세요.)
あのドラマ、ご覧になりましたか。(저 드라마 보셨나요?)

2. 겸양어

자기 자신이나 자기 그룹에 속한 사람의 행동을 낮춘 표현이다. 결과적으로 상대방을 높이는 표현이다. 우리나라말로 해석하기 어려운 부분이 있으므로 공손한 표현으로 해석하는 것이 좋다.

동사	겸양어
行きます／来ます(갑니다/옵니다)	まいります(갑니다/옵니다)
います(있습니다)	おります(있습니다)
します(합니다)	いたします(합니다)
食べます／飲みます(먹습니다/마십니다)	いただきます(먹습니다/마십니다)
聞きます(묻습니다)	うかがいます(여쭙니다)
会います(만납니다)	お目にかかります(만나뵙습니다)
言います(말합니다)	申します(말씀드립니다)

私が空港までまいります。(제가 공항까지 가겠습니다.)
ちょっとうかがいたいことがあるんですが。(좀 묻고 싶은 것이 있습니다만.)
私は鈴木と申します。(저는 스즈키라고 합니다.)

PART 9

학교/직장

Unit 1 입학/졸업
Unit 2 학교생활
Unit 3 과제/시험/성적
Unit 4 학교행정
Unit 5 구직/사직
Unit 6 업무처리
Unit 7 직장생활
Unit 8 회의
Unit 9 프리젠테이션 1
Unit 10 프리젠테이션 2
Tip - 관용표현

Unit 01

입학/졸업

- **148** まだ~てない 아직 ~하지 못했다 라는 표현입니다.
- **149** すごく '너무/굉장히'라는 말입니다.
- **150** かかっている '~에게 달려있다'라는 표현입니다.

■ 핵심패턴 익히기

148 まだ、決めてないんだ。

dialogue

A : それじゃ、あなたも日本大学に志願するの？
B : さあ、まだ、決めてないんだ。

A : 그럼, 너도 일본대학으로 지원할거야?
B : 글쎄, 아직 결정 못했어.

열쇠를 아직 못 찾았어요.	➡	かぎをまだ、見つけてないんです。
아직도 그 책을 다 못 읽었어요.	➡	まだ、その本を読みきれてないんです。
아직 오사카에 못 가봤어요.	➡	_____

응용표현 정답 148 まだ、大阪に行ってないんです。

149 すごく典型的だよ。

dialogue

A: 日本大学にようこそ。
B: そのあいさつは、学校に通いながら、毎年聞いたよ。すごく典型的だよ。

A: 일본대학에 오신 걸 환영합니다.
B: 저 말은 학교 다니기 시작하면서 매년 들었어. 너무 전형적이야.

너무 어색해.	→	すごく気まずい。
너무 귀여워.	→	すごくかわいい。
너무 슬퍼.	→	_____

150 あなたの未来はあなたにかかっている。

dialogue

A: 私が卒業するなんて、信じられないんです。先生に感謝しています。
B: あなたのことを誇りに思うよ。そしてこれからあなたの未来はあなたにかかっていること忘れないで。

A: 내가 학교를 떠난다는 게 믿기지가 않아요. 선생님께 감사드립니다.
B: 네가 정말 자랑스럽구나. 그리고 이제부터 네 미래는 네게 달렸다는 걸 명심해라.

그건 전적으로 너한테 달렸어.	→	それはすべてあなたにかかっている。
장소를 찾는 건 너한테 달렸어.	→	場所を見つけるのはあなたにかかっている。
결과는 너한테 달렸어	→	_____

정답 149 すごくかなしい。 150 結果はあなたにかかっている。

상황표현 익히기

입학/전공

① 日本大学に合格しました。
일본대학에 합격했어요.

② この学校に入るまで、3年かかりました。
이 학교에 들어오는 데 3년이 걸렸어요.

③ 幼い時から、日本大学で勉強したかったんです。
어렸을 적부터 일본대학에서 공부하고 싶었어요.

④ 大学で何を勉強しますか。
대학에서 무엇을 공부해요?

⑤ 専攻は何ですか。
전공이 뭐예요?

⑥ 私は政治学を勉強します。
저는 정치학을 공부해요.

졸업/진로

① 卒業、おめでとうございます。
졸업 축하합니다.

② あなたの未来はあなたにかかっている。
너의 미래는 너한테 달려있어.

③ 私たちはやりとげた。
우리는 해냈어!

④ 卒業の後の計画、ありますか。
졸업 후에 계획 있어요?

⑤ 大学院に行きたいです。
대학원에 가고 싶어요.

⑥ 私の事業をはじめようと思います。
제 사업을 시작할거예요.

휴학/퇴학

① 大学をやめようかと思っています。
자퇴를 할까 생각중이에요.

② 大学をやめたいです。
자퇴하고 싶어요.

③ 大学をやめようと思う学生は、相談の先生と相談しなければなりません。
자퇴를 원하는 학생은 상담선생님과 상담을 하셔야 합니다.

④ 休学の申し込みをするためには、何が必要ですか。
휴학신청을 하려면 무엇이 필요합니까?

⑤ 私、一年間休学申請をしたよ。
나 일년 휴학 신청했어.

⑥ 必ず、学校へ戻ります。
학교로 꼭 돌아올 거예요.

Unit 02 학교생활

151 〜たことがある（〜たことがありますか）는 '전에 〜한 적이 있다(〜한 적이 있습니까)'
라는 경험을 물어볼 때 사용합니다.
152 どうすることもできない '〜어떻게 할 수 도 없다'라는 표현입니다.
153 どうしますか '〜어떻게 합니까?'라는 표현입니다.

핵심패턴 익히기

151 田中教授の授業、聞いたことある？

dialogue

A: 田中教授の授業、聞いたことある？
B: ううん、課題をたくさんお出しになるんだって。

A: 다나카 교수님 수업 들어본 적 있어?
B: 아니, 과제를 많이 주신다고 들었어.

이거 전에 해본 적 있어요?	→	これ、以前にしたことがありますか。
여기서 전에 쇼핑해본 적 있어요?	→	ここで、以前に買い物したことがありますか。
이 학교에 지원한 적 있어요?	→	_____

정답 151 この学校に志願したことがありますか。

152 どうすることもできないんだ。

dialogue

A: 今晩、お酒でも一杯どう。
B: 悪いけどだめ。今日はどうすることもできないんだ。明日英語のテストがあるんだよ。

A: 오늘 저녁에 술 한 잔 할까?
B: 미안한데, 안돼. 오늘은 꼼짝할 수가 없어. 내일 영어시험이 있거든.

지금 바빠서 꼼짝 할 수가 없어.	➜	今は忙しくて、どうすることもできないんだ。
지금 바빠요.	➜	今忙しい。
화요일은 바빠요.	➜	_____

153 私が探している本がなかったら、どうすればいいですか。

dialogue

A: 私が探している本がなかったらどうすればいいですか。
B: もちろん、その時は私たちに言ってください。毎月購買リストを作ります。

A: 제가 찾는 책이 없으면 어떻게 하나요?
B: 그럼, 저희에게 말해주세요. 매월 구매 리스트를 만듭니다.

수업 중에 질문이 있으면 어떻게 하나요?	➜	授業中、質問があったら、どうすればいいですか。
제 편지들을 못 찾으면 어떻게 하죠?	➜	私の手紙を見つけられなかったら、どうすればいいですか。
결정이 잘못 됐다고 생각하면 어떻게 할까요?	➜	_____

정답 152 火曜日は忙しいです。　153 決定を間違えたと思ったら、どうすればいいですか。

상황표현 익히기

수강신청/강의평가

① 田中教授の授業、聞いたことある？
다나카 교수님 수업 들어본 적 있어?

② 今学期は、何単位取りますか。
이번 학기에 몇 학점 들어요?

③ 今学期は、18単位取りました。
이번 학기에는 18학점을 신청했어요.

④ インターネットを通じて授業を聞くことができます。
인터넷을 통해 수업을 들을 수도 있습니다.

⑤ この先生の講義はいつも人気ありますよ。
이 교수님 강의는 항상 인기있어요.

학교에서

① 図書館の開館時間はいつですか。
도서관 개방시간이 어떻게 되나요?

② 一回に、本やテープなどはいくつまで借りられますか。
한번에 책이나 테이프 등은 몇 개까지 대출할 수 있나요?

③ 資料は何日くらい、借りられますか。
자료들은 며칠동안 대출이 가능한가요?

④ 在学証明書を発行してもらいたいです。
재학증명서를 발급받고 싶습니다.

⑤ 私の専攻をホテル経営学から英文学に変えたいです。
제 전공을 호텔경영학에서 영문학으로 바꾸고 싶어요.

지각/결석

① 4回以上、欠席すると落第です。
4번 이상 결석하면 낙제입니다.

② 授業の時間に10分以上遅刻すると、欠席と見なします。
수업시간에 10분이상 지각하면 결석으로 간주됩니다.

③ なんとなく、授業をサボりたい。
그냥 땡땡이 치고 싶다.

④ 授業、サボろう。
수업 땡땡이치자.

⑤ 授業の準備を必ずしてきてください。
수업 들을 준비 꼭 해서 오세요.

⑥ 先週は二日酔いで授業に出られなかった。
지난주에 숙취 때문에 수업에 나가질 못했어.

Unit 3 과제/시험/성적

154 いつ '언제'라는 말로 시간이나 때를 물어볼 때 사용합니다.
155 まで '까지는'이라는 말로 그 시간까지는, 혹은 그 시간이내에는 말로 사용합니다.
156 どうだった '어떻게 했니?'라는 표현입니다.

핵심패턴 익히기

154 課題のしめきりはいつですか。

dialogue

A: 課題のしめきりはいつですか。
B: 来週の月曜日までに提出してください。

A: 과제기한이 언제입니까?
B: 다음주 월요일까지 제출하세요.

응용표현

지불기한이 언제까지인가요?	→	支払いの期間はいつまでですか。
다음 학기 오리엔테이션이 언제에요?	→	次の学期のオリエンテーションはいつですか。
수학시험이 언제야?	→	_____

정답 154 数学の試験は、いつなの。

155 来週の月曜日までのばします。

dialogue

A: すみませんが、課題のしめきりに間に合いそうにありません。
B: 大丈夫です。来週の月曜日までのばしてあげますよ。

A: 죄송한데 과제 마감시간을 못 지킬 것 같아요.
B: 괜찮아요. 다음주 월요일까지로 연기해 줄게요.

제가 해결할 수 있을 때까지 보관하겠습니다.	→	私が解決できるまで、保管します。
내가 보기 전까지는 못 믿을 것 같아.	→	私の目で確認するまで、信じられそうにないよ。
내일 아침까지는 줄게.	→	_____

156 木村、微視経済学のテストはどうだったの？

dialogue

A: 木村、微視経済学のテストはどうだったの？
B: 聞かないで、私だめだったみたい。

A: 기무라, 미시경제학 시험은 어떻게 봤어?
B: 묻지도 마. 나 망친 거 같아.

거기는 어떻게 갔어요?	→	そこには、どうやって行きましたか。
어떻게 반응했어요?	→	どう反応しましたか。
이 과정에 대해서 어떻게 알았어요?	→	_____

정답 155 明日の朝までには渡すよ。　156 この過程についてのことをどうやって知ったのですか。

상황표현 익히기

과제

❶ 今週の木曜日まで課題を提出してください。
이번 주 목요일까지 과제 제출하세요.

❷ 提出期限を来週までに延長します。
제출기한을 다음주까지로 연장할게요.

❸ この課題をクラスメートと一緒にしてもいいですか。
이 과제를 친구랑 같이 해도 되나요?

❹ したければ、ペアで一緒にしたり、グループで課題をしてもいいです。
원한다면, 짝이랑 같이 하거나 그룹으로 과제를 해도 됩니다.

❺ 私はいつもぐずぐずしているから。
난 항상 늑장부린다니까.

시험

❶ 英語のテストはいつ。
영어시험이 언제야?

❷ 明日のテストのために、今日は忙しいです。
내일 시험 때문에 오늘은 바빠요.

❸ ゆうべ、ちっとも眠れなかった。
어제 밤에 한숨도 못 잤어.

❹ テストはどうでしたか。
시험 어떻게 봤어요?

❺ よくできたと思います。
잘 본거 같아요.

❻ とても簡単だった。
굉장히 쉬웠어.

❼ 期末テストを一夜漬けしているよ。
기말시험 벼락치기하고 있어.

성적

❶ 今学期の成績はどうだった。
이번 학기 성적 어땠어?

❷ 前のよりはよかったよ。
지난번보다는 좋았어.

❸ 成績に満足してる。
성적이 만족스러워?

❹ 数学はDを取った。
수학은 D를 받았어.

❺ 私、統計学でA+を取った。
나 통계학 A+ 받았어.

❻ 結局、英文学でFを取った。
결국 영문학에서 F를 받았어요.

❼ 4.3点の満点のうち4.0点を取った。
4.3점 만점에 4.0 받았어요.

Unit 04 학교행정

- 157 どうか〜ないでください 는 '부디 〜하지 말아주세요'라는 뜻의 표현입니다.
- 158 〜なきゃいけない는 '〜해야 한다'라는 뜻입니다.
- 159 私は〜することは何もない는 '나는 〜할 것이 아무것도 없다'라는 표현입니다.

핵심패턴 익히기

157 どうか、両親には言わないでください。

dialogue

A : 教則に従って、ご両親に会わなければなりません。
B : どうか、両親には言わないでください。

A : 교칙에 의해서 부모님을 만나야 합니다.
B : 제발 부모님에게는 말하지 말아주세요.

제발 가지 말아주세요. ➡ どうか、行かないでください。

제발 나처럼 되지 마세요. ➡ どうか、私のようにならないでください。

제발 스팸 메일 보내지 마세요. ➡ _____

응용표현 정답 157 どうか、迷惑メールを送らないでください。

158 夏の学期をとらなきゃいけないと思う。

dialogue

A: 授業に落第したから、夏の学期をとらなきゃいけないと思う。

B: あら、まあ。

A: 수업에서 낙제를 받았으니, 여름학기를 들어야 할 거야.
B: 이런, 세상에.

PDF를 이용해야 할 거예요.	→	PDFを利用しなきゃいけないと思います。
그들에게 이자와 함께 돈을 갚아야 할 거예요.	→	彼らに利子と一緒に、お金をかえさなきゃいけないと思います。
기다려야 할 거예요.	→	_____

159 私は心配することは何もないです。

dialogue

A: もう一度、落第したら退学です。
B: 気にしないです。私は心配することは何もないです。
この学校をやめる寸前だから。

A: 한 번 더 낙제를 받으면 퇴학입니다.
B: 신경 안 써요. 난 걱정할 것 아무것도 없어요. 자퇴하기 직전이었으니까.

말할 것이 없어요.	→	言うことは何もないです。
쓸 것이 아무것도 없어요.	→	書くことは何もないです。
당신에게 줄 것이 아무것도 없어요.	→	_____

정답 158 待たなきゃいけないと思います。 159 あなたにあげるものが、何もないです。

상황표현 익히기

교무행정

❶ 在学証明書を発行してもらいたいです。
재학증명서를 발급받고 싶습니다.

❷ 証明書が必要です。
증명서가 필요합니다.

❸ この申請書に記入してください。
이 신청서를 작성해 주세요.

❹ 何か間違えた部分がありますか。
뭐 잘못된 것이 있나요?

❺ 経済学にかえたいです。
경제학으로 전과하고 싶어요.

❻ 教授の承認を得なければなりません。
교수의 승인이 필요합니다.

상담

❶ 担当教授と相談をしなければならないと思います。
담당교수와 상담을 해야 할 거 같아요.

❷ 明日、教授室でお目にかかれますか。
내일 교수실에서 뵐 수 있을까요?

❸ 期末課題はどうでしたか。
기말과제 어땠나요?

④ 成績を一度確認してみよう。
성적을 한번 확인해 보지.

⑤ 推薦書を書いていただけますか。
추천서를 좀 써 주시겠어요?

교칙/징계

① 授業が終わったら、私に会いに来るように。
수업이 끝나면 나 좀 보러 오게.

② もう一回、この授業をサボったら、この科目は落第だ。
한 번 더 수업을 빠지면 이 과목은 낙제야.

③ 一週間、停学です。
일주일동안 정학입니다.

④ 休みのうちに、警告状がご両親に送付されます。
방학동안에, 경고장이 부모님에게 발송될 거예요.

⑤ もう一度、落第したら退学です。
한 번 더 낙제를 받으면 퇴학입니다.

Unit 05 구직/사직

160 本当なの？은 '～사실이니?'라는 뜻으로 상대방에게 확인이나 사실을 알고 싶은 경우에 질문합니다.
161 ～と思いました는 '～라고 생각했습니다'라는 표현입니다.
162 辞めます는 '그만둡니다'라는 표현입니다.

■ 핵심패턴 익히기

160 君の会社に空きがあるって、本当なの？

dialogue

A: 君の会社に空きがあるって、本当なの？
B: うん、興味ある？

A: 너희 회사에 자리가 있다는게 사실이야?
B: 응, 관심 있어?

응용표현

덩치 큰 아기들이 더 잘 잔다는 게 사실이에요? → 体の大きい赤ちゃんがもっとよく眠るって本当ですか。

일본사람들은 모두에게 친절하다는 게 사실이에요? → 日本人はみんなに親切だって本当ですか。

에스프레소가 그냥 커피보다 카페인이 적다는 게 사실이에요? →

부록의 정답 160 エスプレッソがふつうのコーヒーより、カフェインが少ないって本当ですか。

161 やりとげると思いました。

dialogue

A : 豊田さん、いい知らせがあったと聞きました。
私は豊田さんが、きっとやりとげると思っていました。

B : いい知らせですか。ああ、進級のことですか。

A : 도요다씨, 좋은 소식이 있다고 들었어요. 해낼 줄 알았어요.
B : 좋은 소식이요? 아, 진급 말인가요?

네가 해낼 줄 알았어. ➡ 君がやりとげると思っていた。

네가 그걸 찾아낼 줄 알았어. ➡ あなたがそれを見つけると思っていた。

당신이 살아남을 줄 알았어요. ➡ _____

162 もう辞めます。

dialogue

A : 十分に我慢しました。私はあなたの秘書で、
お手伝いじゃないんです。もう辞めます。

B : 何だって？

A : 참을 만큼 참았어요. 난 당신 비서지 하녀가 아니에요. 그만 두겠어요.
B : 뭐라고요?

제가 제정신이 아닙니다. ➡ 私は正気じゃないです。

난 실직자야. ➡ 私は失業者だよ。

전 지금 답이 없어요.
(상대방의 고민에 대한) ➡ _____

정답 161 あなたが生きのこると思っていた。　162 私は今、答えられません。

상황표현 익히기

구직/이동

❶ 会社に空きがありますか。
회사에 빈자리가 있나요?

❷ 仕事をさがしていますか。
일자리를 구하고 있나요?

❸ 私は銀行に就職しました。
은행에 취직했어요.

❹ 私、昇進しました。
저 승진했어요.

❺ 私は会社から中国に転勤するように言われました。
회사에서 저더러 중국으로 전근가래요.

직장동료/일상생활

❶ ジョンさんはどうですか。
존씨 어때요?

❷ 彼は怠け者で、働いているところをほとんど見たことがありません。
그는 게을러서 일하는 걸 거의 본적이 없어요.

❸ 彼はワークホリックです。
그는 너무 일 중독자에요.

❹ 通勤するのに時間があまりにかかりすぎますよ。
통근하는데 시간이 너무 오래 걸려요.

❺ あまりがんばって、働きすぎるな。
너무 열심히 일하지마.

사직

❶ ワンアンドワンをどうして辞めたんですか。
원앤원에서 왜 나왔어요?

❷ もう、この仕事辞めるよ。
이제, 이 일 그만 둘 거야.

❸ 彼はリストラされました。
그는 정리해고 당했어요.

❹ 私を首にしました。
나를 해고 했어요.

❺ 彼は年金をもらって、退職しました。
그는 연금을 받고 퇴직했어요.

Unit 06 업무처리

163 いつごろ、できるでしょうか는 '언제쯤 가능할까요?'라는 뜻의 표현입니다.
164 ～もらうためには는 '～받기위해서는'이라는 말입니다.
165 どう？는 '어때?'라고 해서 상대방의 의향을 물을 때 사용할 수 있습니다.

핵심패턴 익히기

163 プロジェクトはいつごろ、できるでしょうか。

dialogue

A : プロジェクトはいつごろ、できるでしょうか。
B : 今月の末ごろにはできると思います。

A : 프로젝트는 언제쯤이면 될까요?
B : 이달 말쯤에는 될 겁니다.

그것 언제쯤이면 될까요? → それはいつごろ、できるでしょうか。

그 일은 언제쯤이면 될까요? → その仕事はいつごろ、できるでしょうか。

수리는 언제쯤이면 될까요? → _____

정답 163 修理はいつごろ、できるでしょうか。

164 私の出張費用を精算してもらうためには何が必要でしょうか。

dialogue

A: 私の出張費用を精算してもらうためには何が必要でしょうか。
B: 領収書だけあれば、いいです。

A: 제 출장비용을 정산받으려면 뭐가 필요한가요?
B: 영수증만 있으면 됩니다.

다음에는 뭐가 필요한가요?	➜	次には、何が必要ですか。
선생님이 되려면 뭐가 필요하죠?	➜	先生になるには、何が必要ですか。
일본으로 여행 가려면 뭐가 필요해요?	➜	_____

165 コーヒーでも一杯どう?

dialogue

A: ああ、眠くてたまらない。
B: 2時だからね。コーヒーでも一杯どう？

A: 세상에, 너무 졸리다.
B: 2시라서 그럴 거야. 커피 한잔 할까?

그한테 호감 있어?	➜	彼に好感ある？
나한테 호감 있어요?	➜	私に好感がありますか。
해외에서 일하는 것 좋아해요?	➜	_____

응용표현 정답 164 日本へ旅行に行くには、何が必要ですか。 165 海外で働くのが好きですか。

상황표현 익히기

업무 진행

❶ 日程を確かめていただけますか。
일정 좀 확인해 주시겠어요?

❷ プロジェクトはいつごろ、できるでしょうか。
프로젝트는 언제쯤이면 될까요?

❸ 担当者はだれですか。
담당자가 누구입니까?

❹ ちょっと、コーヒー飲んで休もう。
잠깐 커피 마시게 쉬자.

❺ この資料をアルファベット順に整理しなさい。
이 자료를 알파벳순으로 정리하게.

결과/보고

❶ プレゼンテーション、よくできましたか。
프리젠테이션 잘 했어요?

❷ すべて問題なかったですか。
전부 문제없었나요?

❸ 何か問題でもありましたか。
무슨 문제 있었나요?

❹ プロジェクトは今50％ぐらい進んでいます。
프로젝트는 지금 50% 정도 진행되었습니다.

❺ 順調に進んでいます。
순조롭게 진행되었습니다.

❻ 要請なさった報告書、ここにあります。
요청하신 보고서 여기 있습니다.

휴가/사무기기 사용

❶ 一日休ませていただきたいんです。
하루 쉬었으면 좋겠습니다.

❷ このコピー機の使い方がわかりません。
이 복사기 사용법을 모르겠어요.

❸ これらをファックスで送るのを手伝いますよ。
이것들 팩스 보내는 것 도와줄게요.

❹ どれが電源ボタンですか。
어느 것이 전원버튼입니까?

❺ コンピューターがフリーズしました。
컴퓨터가 멈췄어요.

❻ コピー機に紙が挟まりました。
복사기에 종이가 끼었어요.

Unit 07 직장생활

- 166 これが〜는 '이것이 〜'라는 말입니다.
- 167 だめでしょうか는 '〜안될까요?'라는 표현입니다.
- 168 時間ありますか는 '시간 있으세요?'라는 뜻입니다.

■ 핵심패턴 익히기

166 これが新製品ラインについての大体の資料です。
dialogue

A: これが新製品ラインについての大体の資料です。

B: ええ、ありがとうございます。

A: 여기 새 제품라인에 관한 대략적인 자료입니다.
B: 네, 고마워요.

응용표현

여기 계획을 위한 대략적인 가이드라인입니다.	➡	これが、計画のための大体のガイドラインです。
여기 몇 가지 예가 있습니다.	➡	ここに、いくつかの例があります。
여기 여론조사 결과가 있습니다.	➡	_____

응용표현 정답 166 ここに世論調査の結果があります。

167 もっと早くはできないでしょうか。

A: もっと早くはできないでしょうか。
B: 申し訳ありませんが、できないと思います。

A: 더 일찍은 가능할까요?
B: 죄송한데 안 될 거 같아요.

당신은 안 될까요?	→ あなたはできないでしょうか。
다른 방법도 될까요?	→ 他の方法でもいいでしょうか。
둘 다 안 될까요?	→ _____

168 午後2時に私に会う時間がありますか。

A: 午後2時に私に会う時間がありますか。
B: そうですね。2時はだめなんですが、3時ならいいです。

A: 오후 2시에 저 볼 시간 되세요?
B: 글쎄요. 2시는 안되고 3시에는 되요.

금요일밤 축구팀에 오실 시간 되세요?	→ 金曜の夜、サッカーチームにいらっしゃる時間がありますか。
나한테 사실을 말해 줄 시간이 되니?	→ 私に事実を話す時間がある?
나랑 여행할 시간 되니?	→ _____

정답 167 二つともだめでしょうか。　168 私と一緒に旅行に行く時間ある?

상황표현 익히기

보고/결제

① 毎月の売り上げについての報告書です。
월 매출에 관한 보고서 입니다.

② 机の上に置いてください。
책상위에 놓아주세요.

③ 後で見ます。
나중에 볼께요.

④ 報告書、よく書きましたね。
보고서를 잘 썼네요.

⑤ 報告書を書き直さなければなりませんね。
보고서를 다시 써야 겠군요.

⑥ 決済のために、サインをしてください。
결제를 위해 사인해 주십시오.

⑦ 承認が必要です。
승인이 필요합니다.

휴식시간

① 20分間、休みましょう。
20분동안 쉽시다.

② 休み時間です。
휴식시간입니다.

❸ ひと休みしましょうか。
잠깐 쉴까요?

❹ コーヒー？
커피(마실래요)?

❺ ちょっと、新しい空気でも吸いましょうか。
바람 좀 쐐야겠어요.

외근

❶ 2時にちょっとお目にかかれますか。
2시에 잠깐 들러서 뵐 수 있을까요?

❷ 2時に私に会う時間がありますか。
2시에 절 볼 시간 되세요?

❸ 明日、時間を作ってください。
내일 시간 좀 내주세요.

❹ 今日は都合のいい日じゃありません。
오늘은 좋은날이 아니에요.

❺ いつがよろしいですか。
언제가 좋으세요?

❻ 仕事についての話が必要ですが。
일에 관해 얘기가 필요한데요.

Unit 08 회의

169 ~なければなりません은 '~해야 합니다'라는 표현입니다.
170 原因でした는 '원인이었습니다'라는 뜻입니다.
171 差し支えがありました는 '어려움이 있었습니다'라는 표현으로 일이 잘 진행되지 않을 때 사용하는 표현입니다.

핵심패턴 익히기

169 今、会議を始めなければなりません。

dialogue

A: 今、会議を始めなければなりません。
B: 5分だけ、もう少し待ちましょう。

A: 지금 회의를 시작해야 합니다.
B: 5분만 더 기다립시다.

예약을 확인해야 해요.	→	予約を確かめなければなりません。
우리는 지금 가야해요.	→	私たちは今、行かなければなりません。
나, 기무라씨에게 전화해야 해.	→	_____

응용표현 **정답** 169 私、木村さんに電話しなきゃ。

170 悪いうわさが原因でした。

dialogue

A: どうして、3月の売り上げが落ちましたか。
B: 悪いうわさが原因でした。

A : 왜 3월에 매출이 추락했습니까?
B : 악성 루머가 원인이었습니다.

지진이 원인이었습니다.	→	地震が原因でした。
비겁한 선택이 원인이었어요.	→	卑怯な選択が原因でした。
그 사고는 부주의가 원인이었어요.	→	_____

171 交渉に差し支えがありました。

dialogue

A: それで、フジヤマ銀行には行きましたか。
B: ええ、でも手数料をさらに要求して、交渉に差し支えがありました。

A : 그래서 후지야마 은행에는 갔습니까?
B : 네, 하지만 수수료를 더 요구해서 협상하는데 어려움이 있었습니다.

어떤 사람들은 집중하는데 어려움이 있다.	→	ある人々は、集中するのに、差し支えがある。
과장은 적임자를 채용하는데 어려움이 있었다.	→	課長は適任者を採用するのに、差し支えがあった。
나는 반대하는데 어려움이 있었다.	→	_____

응용표현 **정답** 170 その事故は不注意が原因でした。 171 私は反対するのに、差し支えがあった。

상황표현 익히기

회의준비

① 会議はいつですか。
회의는 언제입니까?

② 会議はどこで行われますか。
회의는 어디에서 열립니까?

③ 会議は ４６５号室で行われます。
회의는 456호에서 열립니다.

④ 会議で他に、どんな資料が必要ですか。
회의에 또 어떤 다른 자료들이 필요합니까?

⑤ お伝えください。
전달 좀 해 주세요.

회의중

① 始めましょう。
시작합시다.

② 始める前に簡単に、報告してください。
시작하기전에 간단히 보고 좀 해 주세요.

③ 会議の議題は何ですか。
회의 의제는 뭔가요?

④ 決定のために、投票を提案します。
결정을 위해서 투표를 제안합니다.

❺ 休みの後、続けます。
휴식후에 이어서 계속하겠습니다.

결과/보고

❶ あなたはこの論点について、どう思いますか。
당신은 이 논점에 대해 어떻게 생각합니까?

❷ この問題についての解決策は何でしょうか。
이 문제에 대한 해결책은 무엇입니까?

❸ 解決策がないようです。
답이 없는 것 같습니다.

❹ 会議は11時に終わりました。
미팅은 11시에 끝났습니다.

❺ 私たちはまだ何も決めていません。
우리는 아직 아무것도 결정하지 않았습니다.

Unit 09

프리젠테이션 1

172 気兼ねしないで는 '부담갖지 말고/서슴치말고'라는 표현입니다.
173 まず는 '우선/ 맨먼저'라는 뜻으로 이야기를 전개할 때 사용할 수 있습니다.
174 価値があります는 '~가치가 있습니다'라는 뜻의 표현입니다.

핵심패턴 익히기

172 プレゼンテーション中に気兼ねしないでいつでも質問してください。

dialogue

A: 今、私が新製品ラインについて、プレゼンテーションします。気になることがあれば、プレゼンテーション中に気兼ねしないでいつでも質問してください。

A: 이제 제가 신제품라인에 대한 프리젠테이션을 할 겁니다. 궁금한 것이 생기면 제가 프리젠테이션하는 동안에 언제든지 질문하세요.

응용 표현

오는데 부담 갖지 마세요	➡	来るのに気兼ねしないでください。
서슴지 말고 토론 하세요	➡	ちゅうちょしないで、討論してください。
전화하는데 부담 갖지 마세요.	➡	_____

정답 172 電話するのに、気兼ねしないでください。

173 まず最初に話したいことは

dialogue

A: まず最初に話したいことは、私たちはこの分野で、2番目に大きい会社です。それで、私たちはワンアンドワンに追いつくために大変な努力をしました。

A: 맨 먼저, 우리는 이 분야에서 두 번째로 큰 회사입니다. 그러므로 우리는 원앤원을 따라잡기 위해 정말 많은 노력을 하였습니다.

우선 먼저 말하고 싶은 것은 성추행에 관해서 입니다.	→	まず、最初に話したいにとはセクハラについてです。
맨 먼저, 우리는 그들을 고소해야만 합니다.	→	まず、私たちは彼らを告訴しなければなりません。
우선, 그들은 우리가 아닙니다.	→	

174 アフリカに投資するのはそれだけの価値があります。

dialogue

A: それで、アフリカ市場に私たちが投資しなければならないというのがあなたの意見ですか。

B: もちろんです。アフリカ市場に投資するのはそれだけの価値があります。

A: 그래서, 아프리카시장에 우리가 투자해야 한다는 것이 당신 의견입니까?
B: 물론이죠. 아프리카시장에 투자하는 것은 그 만큼의 값어치가 있습니다.

거기에서 일하는 것은 값어치가 있어요.	→	そこで働くのは、それだけの価値があります。
mp3를 사는 것은 값어치가 있어요.	→	mp3を買うのは、それだけの価値があります。
영어를 배우는 것은 값어치가 있어요.	→	

정답 173 まず、彼らは私たちではないということです。 174 英語を習うのは、それだけの価値があります。

상황표현 익히기

진행

① 次の議題に行きましょう。
다음 주제로 넘어가겠습니다.

② 私がプレゼンテーションしている間に、質問があればいつでもしてください。
제가 프리젠테이션 하는 동안 질문이 있으면 언제든 하세요.

③ 質問は発表が終るまで、待ってください。
질문은 발표가 끝날 때 까지 기다려 주세요.

④ 賛成なら、手をあげてください。
찬성이면 손들어 주세요.

⑤ 満場一致です。
만장일치입니다.

도입/결론

① まず、私たちはこの分野で2番目に大きい会社です。
맨 먼저 우리는 이 분야에서 두 번째로 큰 회사입니다.

② 総合してみれば、アジアに投資するのは、それだけの価値があります。
종합해 보면 아시아에 투자하는 것은 값어치가 있습니다.

③ 結果的に、新しい製品ラインは必要ありません。
결과적으로 새 제품라인은 필요하지 않습니다.

④ 結論として、私たちは彼らと一緒に仕事することに非常に満足しています。
결론적으로 우리는 그들과 함께 하는 것을 매우 만족할 것입니다.

⑤ 総合すると、私たちにとって非常にいい機会になります。
종합하자면 우리에게 굉장한 기회가 될 것입니다.

도표/그래프 설명

① このグラフは 2006年の販売量を表すものです。
이 선 그래프는 2006년의 판매량을 나타낸 것입니다.

② 2006年上半期の売り上げは18億ウォンでした。
2006년 상반기의 매출액은 1억원이었습니다.

③ 2006年下半期には、実際の売り上げは予想より、はるかに低かったです。
2006년 하반기에는 실제매출액은 예상보다 훨씬 낮았습니다.

④ それは、割引イベントのためです。
그것은 할인행사로 인한 것입니다.

⑤ 新しいシステムの第1段階は、るす番電話です。
새 시스템의 첫 번째 단계는 자동응답기입니다.

Unit 10 프리젠테이션 2

- 175 増加しました。는 '증가 했습니다'라는 표현입니다.
- 176 ~に~がありました。는 '~에 ~가 있었습니다'라는 뜻입니다.
- 177 ~をみせました는 '~를 보였습니다'라는 표현입니다.

핵심패턴 익히기

175 苦情の件数が、急激に増加しました。

dialogue

A: 受け付けた苦情の件数に変動はありますか。
B: 去る2/4分期に苦情の件数が、急激に増加しました。

A: 접수된 불만건수에는 변동이 있었습니까?
B: 지난 2/4분기에 불만건수가 급격히 증가했습니다.

유방암 환자수가 조금 증가했습니다.	→	乳ガンの患者の数が、少し増加しました。
관광객수가 전혀 증가하지 않았습니다.	→	観光客の数が、全く増加しませんでした。
5월에는 자동차의 수가 증가했습니다.	→	_____

정답 175 5月には車の数が増加しました。

176 細かい項目に入って、インド人口の数に若干の増加がありました。

dialogue

A: 細かい項目に入って、インド人口の数に若干の増加がありました。

A: 세부항목으로 들어가서, 인도 인구수에 약간의 증가가 있었습니다.

판매에 큰 감소가 있었습니다.	→	販売に大幅の減少がありました。
절도 건수의 감소가 있었습니다.	→	窃盗の件数の減少がありました。
학생수에 약간의 증가가 있었습니다.	→	_____

177 韓国は出産率の緩い増加をみせました。

dialogue

A: 韓国は出産率の緩い増加をみせました。

A: 한국은 출산율의 느린 증가를 경험했습니다(보였습니다).

스웨덴은 실업률의 감소를 경험했습니다.	→	スウェーデンは失業率の減少をみせました。
매튜의 인기가 올랐습니다.	→	マッチューさんの人気があがりました。
세계는 교육적 수준의 성장을 경험했습니다.	→	_____

정답 176 学生の数に少しの増加がありました。　177 世界は教育的なレベルの成長をみせました。

상황표현 익히기

증가

❶ 1/4分期の収益が去年に比べて、44%もあがりました。
1/4분기의 수익이 지난해에 비해 44% 치솟았습니다.

❷ 7月に原油価格の増加がありました。
7월에 유가 증가가 있었습니다.

❸ 昨年、韓国産業成長率は5%上昇しました。
지난해 한국 산업성장률은 5% 상승했습니다.

❹ 貿易通商において、増加がありました。
무역통상에 있어 증가가 있었습니다.

❺ 失業率は2006年3月に最高潮に達した後、減少しました。
실업률은 2006년 3월에 최고점에 다다른 후 감소했습니다.

감소

❶ 去る3年間、失業率が1.9%減少しました。
지난 3년간, 실업률이 1.9% 감소했습니다.

❷ 出産率の減少がありました。
출산율의 감소가 있었습니다.

❸ イギリスの経済は1930年代に恐慌を経験しました。
영국경제는 1930년대에 공황을 경험했습니다.

❹ いくつかの市場で、不動産の売買が減少しました。
몇몇 시장에서 부동산 매개가 감소했습니다.

❺ 最近何年間か、利子率が減少しました。
최근 몇 년 동안 이자율이 감소했습니다.

기타

❶ 私たちの収益は、アジア地域で、前年度と同じレベルにとどまりました。
우리의 수익은 아시아지역에서 전년도와 같은 수준에 머물렀습니다.

❷ 小売店は2005年に不況を味わいました。
소매상들은 2005년 불황을 겪었습니다.

❸ GDPの成長率は1998年最低値を記録しました。
GDP성장률은 1998년 최저치를 기록했습니다.

❹ 5月に技術部分の不況が底値を抜け出しました。
5월에 기술부분의 불황이 바닥을 벗어났습니다.

❺ 2006年の出産率が回復をみせています。
2006년 출산율이 회복세를 보이고 있습니다.

관용표현

1. 地下鉄／バス／タクシーに乗る **지하철/버스/택시를 타다**

    地下鉄に乗って、学校に行きます。(지하철을 타고 학교에 갑니다.)

2. 友達に会う **친구를 만나다**

    友達に会って、映画を見ました。(친구를 만나서 영화를 봤습니다.)

3. 風邪をひく **감기에 걸리다**

    寒くて風邪をひきました。(추워서 감기에 걸렸습니다.)

4. 薬を飲む **약을 먹다**

    頭が痛いので、薬を飲みました。(머리가 아파서 약을 먹었습니다.)

5. パーマをかける **파마를 하다**

    美容院でパーマをかけました。(미용실에서 파마를 했습니다.)

6. 雨／雪が降る **비/눈이 내리다**

    一日中、雪が降っています。(하루종일 눈이 내리고 있습니다.)

7. おごる **한턱내다/음식을 사주다**

    コーヒーは私がおごります。(커피는 제가 내겠습니다.)

8. うそをつく **거짓말하다**

    うそをついてはいけません。(거짓말해서는 안 됩니다.)

PART 10

전화

Unit 1 전화 받기
Unit 2 전화 바꿔주기
Unit 3 메시지 받기
Unit 4 메시지 남기기
Unit 5 자동응답기에 녹음하기
Unit 6 전화를 끊을 때
Unit 7 전화서비스

Tip - 부탁하는 표현

Unit 01 전화받기

- 178 ~をいただき、ありがとうございます는 '~해주셔서 감사합니다'라는 뜻입니다.
- 179 どちらさまですか는 '누구십니까?'라는 정중한 표현입니다.
- 180 こちらは~는 전화상에서 자신을 소개할 때 사용하는 표현입니다.

핵심패턴 익히기

178 ワンアンドワンにお電話をいただき、ありがとうございます。

dialogue

A: ワンアンドワンにお電話をいただき、ありがとうございます。こちらは鈴木です。ご用件を、おうかがいします。

B: もしもし、中村課長と話したいんですが。

A: 원앤원으로 전화주셔서 감사합니다. 저는 스즈키입니다. 무엇을 도와드릴까요?
B: 안녕하세요. 나카무라 과장님과 통화했으면 하는데요.

저한테 전화 주셔서 고마워요.	→	私に電話くださって、ありがとうございます。
와주셔서 감사해요.	→	来てくださって、ありがとうございます。
저를 도와주셔서 고마워요.	→	_____

정답 178 私を助けてくださって、ありがとうございます。

179 どちらさまですか。

dialogue

A : もしもし、林さん、いますか。
B : いいえ、いませんけど。買い物に行きました。どちらさまですか。

A : 여보세요. 하야시씨 있나요?
B : 아뇨, 지금 없는데요. 쇼핑 갔어요. 전화하는 사람은 누구십니까?

누구세요?	→	どちらさまですか。
오고 있는 사람이 누구에요?	→	こちらに向かっている人は誰ですか。
이야기하는 사람 누구에요?	→	_____

180 こちらは木村です。

dialogue

A : いいえ、今いませんが、どちらさまですか。
B : 私は林さんと同じクラスの木村です。

A : 아뇨, 지금 없는데요. 누구세요?
B : 저는 하야시씨와 같은 반 친구인 기무라입니다.

저는 나카무라인데요.	→	私は中村ですが。
원앤원의 박입니다.	→	ワンアンドワンのパクです。
한국에 있는 은실이에요.	→	_____

정답 179 話している人は誰ですか。 180 韓国のウンシルです。

상황표현 익히기

전화를 받을 때

❶ もしもし。
여보세요.

❷ IT 室でございます。
전산실입니다.

❸ もしもし、中村商社です。ご用件を、おうかがいします。
여보세요. 나카무라상사입니다. 무엇을 도와드릴까요?

❹ もしもし、人事部の森です。何のご用件で電話されましたか。
안녕하세요. 인사부의 모리입니다. 무엇 때문에 전화하셨나요?

❺ ワンアンドワンにお電話をいただき、ありがとうございます。

こちらはパクミナです。ご用件を、おうかがいします。
원앤원으로 전화주셔서 감사합니다. 저는 박미나입니다. 무엇을 도와드릴까요?

상대방이 누구인지 물을 때

❶ どちらさまですか。
누구세요?

❷ お電話している方はどちらさまですか。
전화하는 사람은 누구세요?

❸ 失礼ですが、どちらさまですか。
실례지만, 누구시죠?

❹ お名前をうかがってもよろしいですか。
성함을 여쭤봐도 될까요?

⑤ お名前は何ですか。
성함이 어떻게 되세요?

자기소개하기

❶ もしもし、チホ、私ミナだよ。
안녕. 치호. 나 미나야.

❷ もしもし、ミナさん、私は鈴木です。
안녕하세요. 미나씨. 저 스즈키입니다.

❸ もしもし、私は(会社)のキム・ジョンソクです。
안녕하세요. 저는 (회사)의 김정석입니다.

❹ 私ですが。
전데요.

❺ お話しください。
말씀하세요.

(#: 전화를 받는 상황에서 상대방이 자신의 목소리를 못 알아챌 때.)

Unit 02 전화 바꿔주기

181 ~たいんですが는 '~하고 싶은데요'라는 뜻입니다.
182 ~ために、電話しました는 '~ 때문에 전화했습니다'라는 표현입니다.
183 されました는 する(하다) 보다 높은 표현입니다. '하셨습니다'라는 뜻입니다.

핵심패턴 익히기

181 中村課長と話したいんですが

dialogue

A: 中村課長と話したいんですが、いらっしゃいますか。
B: ちょっと待ってください。呼んできます。

A: 나카무라 과장과 통화하고 싶은데, 계신가요?
B: 잠깐만요. 불러올게요.

매니저랑 통화하고 싶습니다. → マネージャーと話したいです。

저녁으로 피자를 먹고 싶어요. → 夕ごはんにピザが食べたいです。

구독을 중지하고 싶습니다. → _____

응용표현 **정답** 181 購読を中止したいです。

270

182 パクさんと話すために電話したんですが。
dialogue

A: 先月の購買の件で、パクさんと話すために電話したんですが。
B: 少々お待ちください。おつなぎします。

A: 지난달 구매건 때문에 미스터 박과 통화하려고 전화했는데요.
B: 잠시만 기다려주세요. 연결해 드릴게요.

항의하려고 전화했는데요. → 抗議するために電話したんですが。

화재 신고하려고 전화했어요. → 火事を通報するために電話しました。

예약 확인하려고 전화했어요. → _____

183 間違った番号にお電話されましたね。
dialogue

A: 203-4234 じゃありませんか。
B: 間違った番号にお電話されましたね。4234 じゃなくて、4233 です。

A: 203-4234 아닌가요?
B: 잘못된 번호로 전화하셨네요. 4234번이 아니고 4233이에요.

메일이 왔어요. → メールがきました。

친구들이 있잖아요. → 友達がいるじゃないですか。

런던에서 소포가 왔어요. → _____

정답 182 予約を確認するために電話しました。 183 ロンドンから小包がきました。

상황표현 익히기

다른 사람을 바꿔달라고 할 때

① 田中さんと話したいです。
다나카씨와 통화하고 싶습니다.

② パクさんいますか。
박미나씨 있습니까?

③ 内線255につながりますか。
내선 255로 연결될까요?

④ 内線123番につないでください。
내선 123번으로 연결해 주세요.

⑤ 営業課長とお話しできますか。
영업과장님 통화가능하신가요?

용건을 묻고 답할 때

① 何のご用件で、お電話されましたか。
무슨 일로 전화하셨나요?

② 新しい製品に関して、相談することがあって、電話しました。
신제품과 관련해 의논할 일이 있어서요.

③ 求人広告を見て、お電話しました。
구인광고를 보고 연락했습니다.

④ 木村さんとの約束を取り消すために、電話しました。
기무라씨와의 약속을 취소하려고 전화했습니다.

❺ 先ほど電話した者ですが。
방금 전화한 사람인데요.

다른 사람을 바꿔줄 때

❶ ちょっと待ってください。呼んできます。
잠깐만요. 불러 올께요.

❷ 少々お待ち下さい。
잠시만 기다려주세요.

❸ 少々お待ちください。おつなぎいたします。
잠시만 기다려주세요. 연결해 드릴게요

❹ しばらく待ってくださいませんか。
잠시만 기다려주시겠어요?

❺ １１９番におつなぎいたします。
119로 연결해 드리겠습니다.

❻ 店長にかわります。
지배인을 바꿔드리겠습니다.

Unit 03 메시지 받기

- 184 すみませんが는 '죄송합니다'라는 뜻으로 거절이나 반대의 말을 순화시켜 표현해 줍니다.
- 185 いただきましょうか는 '~하시겠습니까?' 라는 표현입니다.
- 186 ~てくれませんか는 '~해 주시지 않겠습니까?'라는 표현으로 상대방에게 공손하게 부탁하는 표현입니다.

핵심패턴 익히기

184 すみませんが、林は不在にしております。

dialogue

A: すみませんが、林は不在にしております。
お電話をされているのはどちらさまですか。

B: ワンアンドワンのパクミナです。

A: 죄송합니다만, 하야시씨는 지금 부재중이십니다. 전화하시는 분은 누구신지요?
B: 원앤원의 박미나입니다.

미안합니다만, 그날은 우리 시어머니가 오실 거예요.	→	すみませんが、その日はうちの義理の母が来るんです。
죄송한데, 당신 이름이 기억이 안나요.	→	すみませんが、あなたのお名前が思い出せません。
죄송합니다만, 사이즈 8은 다 팔렸습니다.	→	_____

응용표현 정답 184 すみませんが、8号サイズは売り切れました。

274

185 伝言をいたしましょうか。

dialogue

A: すみませんが、パク先生はただ今、お電話に出られません。伝言をいたしましょうか。

B: ソニーの田中です。予約の確認電話をくださいとおっしゃったので、確かめるためにお電話いたしました。

A: 죄송한데 박선생님은 지금 전화를 받으실 수 없습니다. 메시지를 받아드릴까요?
B: 소니의 다나카라고 합니다. 예약확인 전화를 해달라고 하셔서 확인차 전화했습니다.

이걸 내가 하기 원해요?	→	私がこうするのを望んでいますか。
그가 아무에게도 말 안하길 원해요?	→	彼が誰にも言わないのを、望んでいますか。
지금 내가 갈 길 원해요?	→	_____

186 もう一度、言ってくれませんか。

dialogue

A: ジナといいます。クラスの友人です。

B: すみませんが、聞こえませんでした。もう一度、言ってくれませんか。

A: 지나라고, 반 친구에요.
B: 미안한데, 못 들었어요. 다시 말해 줄래요?

성함 좀 말씀해 주실래요?	→	お名前をおっしゃってくださいませんか。
전화 좀 다시 해 주실래요?	→	もう一度、お電話してくださいませんか。
불 좀 켜 주실래요?	→	_____

응용표현 **정답** 185 今、私がそこに行くのを望んでいますか。 186 電気をつけてくださいませんか。

상황표현 익히기

전화를 받을 수 없다고 전할 때

① 申し訳ありませんが、ただ今不在にしております。
죄송합니다만 지금 부재중입니다.

② すみませんが、中村はちょっと外出中です。
죄송합니다만, 나카무라는 잠깐 외출중인데요.

③ パクミナさんはただ今、電話に出られません。
박미나씨는 지금 전화를 받을 수가 없습니다.

④ すみませんが、パクミナは今、席をはずしておりますが。
죄송합니다. 박미나씨는 지금 자리에 없습니다.

⑤ 今、通話中です。
지금 통화중입니다.

메시지 받기

① メッセージを残されますか。
메시지 남기시겠어요?

② 中村は不在ですが、どちらさまでしょうか。
나카무라는 지금 부재중인데요. 누구시죠?

③ お電話の方は、どちらさまでしょうか。
전화하신 분은 누구시죠?

④ メッセージをお伝えしましょうか。
메시지 전해 드릴까요?

❺ 電話があったと、お伝えします。
전화왔었다고 전해 드리겠습니다.

전화상에서 질문하기

❶ もう一度、おっしゃってくださいませんか。
다시 한번 말씀해 주시겠어요?

❷ つづりはどうなりますか。(どう書きますか。)
철자가 어떻게 되나요?(어떻게 쓰죠?)

❸ もっと大きい声でおっしゃってください。
조금 더 크게 말씀해 주세요.

❹ 少しゆっくり話してください。私は英語が下手なんです。
조금만 천천히 말씀해 주세요. 제가 영어를 잘 못하거든요.

❺ もう一度、お電話くださいませんか。電話の接続がよくないですね。
다시 전화주시겠어요? 연결 상태가 좋지 않네요.

Unit 04 메시지 남기기

- 187 伝えてください는 '전해 주세요'라는 뜻의 표현입니다.
- 188 ~とおっしゃいましたか는 '~라고 말씀하셨나요?'라는 표현으로 상대방이 한 말을 확인할 때 사용합니다.
- 189 ~の~です는 '~의 ~입니다'라는 말로 혼동하기 쉬운 글자를 불러줄 때 사용합니다.

■ 핵심패턴 익히기

187 伝えてください。

dialogue

A: 黒田から、電話があったと 伝えてください。学校の友人です。

B: そうします。

A: 쿠로다가 전화했었다고 좀 전해주세요. 학교친구에요.
B: 그럴게요.

 응용표현

기무라한테 제가 다시 전화하겠다고 전해주세요.	→	木村さんに、私が後で電話すると伝えてください。
미나씨에게 우리가 다음주 월요일에 방문할 거라고 전해주세요.	→	ミナさんに、私たちが来週の月曜日に訪問すると伝えてください。
나카무라 과장님에게 문제가 다 해결됐다고 전해주세요.	→	_____

응용표현 정답 187 中村課長に問題がすべて解決したと伝えてください。

188 2842-5583とおっしゃいましたか。
にはちよんにのごごはちさん

dialogue

A: 2842-5583 とおっしゃいましたか。
にはちよんにのごごはちさん

B: はい、それから、私はワンアンドワンのパクミナです。
わたし

A: 2842-5583이라고 하셨나요?
B: 네, 그리고 저는 원앤원의 박미나입니다.

449-3888이라고 하셨나요? ➔	449-3888 とおっしゃいましたか。 よんよんきゅう の さんはちはちはち
다나카라고 하셨나요? ➔	田中さんとおっしゃいましたか。 た なか
오스트리아라고 하셨나요? ➔	_____

189 ジャムの'J'です。

dialogue

A: はい、確認します。ASG8423、合っていますか。
かくにん　　　　　　　　　　　　あ

B: いいえ、'G'じゃなくて、ジャムの'J'です。

A: 네, 확인 좀 할께요. ASG8423, 맞나요?
B: 아뇨, 'G'아니고 잼 할 때 'J'요.

타이거할 때의 'T'입니다. ➔	タイガーの'T'です。
푸우할 때의 'P'입니다. ➔	プーの'P'です。
애플할 때의 'A'입니다. ➔	_____

응용표현 **정답** 188 オーストリアとおっしゃいましたか。　189 アップルの'A'です。

상황표현 익히기

메시지 남기기

❶ はい、ワンアンドワンのパクミナから電話があったとお伝えください。
네, 원앤원의 박미나가 전화했었다고 전해주세요.

❷ いいえ、大丈夫です。私が後でかけなおします。
아뇨, 괜찮아요. 제가 나중에 다시 걸죠.

❸ J&Nの橋田です。いつごろおもどりになりますか。
J&N사의 하시다입니다. 언제쯤 돌아오시나요?

❹ ありがとうございます。おもどりになりましたら、ワンアンドワンのパクミナにお電話いただけるよう、お伝えください。
고맙습니다. 오시는 대로 원앤원의 박미나한테 전화 좀 해 달라고 전해주세요.

❺ ありがとうございます。私の電話番号は2842-5583で、内線は12番です。
고맙습니다. 제 번호는 2842-5583이고 내선 12번입니다.

정보 확인하기

❶ はい、全部書き取りました。
네, 전부 받아 적었습니다.

❷ はい、確かめてみます。
네, 확인 좀 할게요.

❸ おっしゃった内容をもう一度、確認します。
말씀하신 내용 한번 확인할게요.

❹ 2842-5583とおっしゃいましたか。
2842-5583이라고 하셨나요?

❺ おもどりになりましたら、伝言をお伝えします。
돌아오시는 대로 메시지 전해 드리겠습니다.

잘못된 전화의 경우

❶ 何番にお電話されましたか。
몇 번으로 전화하셨습니까?

❷ まちがえました。
전화 잘못 걸었습니다.

❸ 番号は合っていますが、中村という人はいません。
번호는 맞는데, 나카무라란 사람은 없어요.

❹ 間違った番号にお電話されたみたいです。
잘못된 번호로 전화하신 것 같네요.

❺ ご迷惑かけて、申し訳ありません。
번거롭게 해서 죄송합니다.

Unit 05 자동응답기에 녹음하기

- 190 もしも는 '만약'이라는 뜻입니다.
- 191 ~の後、~てください는 '~한 후에 ~해 주세요'라는 표현입니다
- 192 ~たら는 '~한다면'이라는 뜻으로 조건을 나타냅니다.

핵심패턴 익히기

190 急用でお電話の方は9番を押してください。

dialogue

A: ワンアンドワンにお電話をいただき、ありがとうございます。通話のできる時間帯午前9時から午後5時までです。この時間帯にもう一度お電話ください。急用でお電話の方は9番を押してください。

A: 원앤원으로 전화 주셔서 감사합니다. 통화가 가능한 시간대는 오전 9시부터 오후 5시까지입니다. 이 시간대에 다시 전화주세요. 급한 일로 전화를 하시는 분은 9번을 눌러주세요.

만약 대리인으로 구매하시는 거라면, 본인의 이름과 실구매자의 이름, 둘 다 적어주세요.
→ もしも、代理人として購買されるなら、本人のお名前と実購買者のお名前を両方、書いてください。

만약 다른 이유로 전화를 주셨다면, 성함과 전화번호를 남겨주세요.
→ もしも、他の理由で電話されたなら、お名前と電話番号を残してください。

좀 더 자세한 정보를 원하시면, 저희 홈페이지를 방문해 주세요.
→ _____

응용표현 정답 190 もっと詳しい情報をお望みでしたら、私たちのホームページに来てください。

191 「ピー」という音の後、メッセージを残してください。

dialogue

A: もしもし、中村です。発信音「ピー」という音の後、メッセージを残してください。

B: もしもし、中村さん、私、鈴木なんだけど、私が後でかけなおします。

A: 안녕하세요. 나카무라입니다. '삐'소리 후에 메시지를 남겨주세요.
B: 안녕, 나카무라씨. 저 스즈키입니다만 내가 나중에 다시 전화하겠습니다.

녹음이 끝나면 #버튼을 눌러주세요.	→	録音が終ったら、#ボタンを押してください。
'삐'소리 후에 전화번호를 눌러주세요.	→	「ピー」という音の後、電話番号を押してください。
녹음이 끝나면 전화를 끊어주세요.	→	_____

192 帰ったら、またかけて。

dialogue

A: もしもし、ジンヒです。ただ今留守にしております。メッセージをいただければ、こちらからお電話します。

B: もしもし、ジンヒさん。私、木村だよ。帰ったら、電話してね。

A: 안녕하세요. 진희입니다. 제가 현재 집에 없습니다. 메시지를 남기시면 제가 전화 드리겠습니다.
B: 안녕, 진희야. 나 기무라야. 돌아오면 전화해.

이 메시지 들으면 전화해주세요.	→	このメッセージを聞いたら、お電話ください。
이 편지를 받으면 답장주세요.	→	この手紙をもらったら、返事ください。
숙제가 끝나면 TV봐.	→	_____

정답 191 録音が終ったら、電話をきってください。　192 宿題が終ったら、テレビを見て。

상황표현 익히기

자동 응답기 듣기

❶ もしもし、342-9723番です。「ピー」という音の後、メッセージを残してください。ありがとうございます。
안녕하세요. 342-9723입니다. '삐'소리가 난 후 메시지를 남겨주세요. 감사합니다.

❷ もしもし、よし子です。申し訳ありませんが、ただ今電話にでられません。メッセージをいただければ、できるだけ早くご連絡します。
안녕하세요. 요시코입니다. 죄송하지만 현재 저는 전화를 받을 수 없습니다. 메시지를 남겨주시면 가능한 한 빨리 연락드리겠습니다.

❸ ワンアンドワンにお電話をいただき、ありがとうございます。通話のできる時間帯は月曜日から金曜日、午前9時から午後5時までです。この時間帯にもう一度お電話くださるか、メッセージを残してください。もし急用でございましたら、342-9231にお電話ください。
원앤원에 전화 주셔서 감사합니다. 월요일부터 금요일까지 오전 9시에서 오후 5시까지 통화가 가능하니, 이 시간에 전화 주시거나 메시지를 남겨주세요. 만약 급한 일이 있으신 경우는 342-9231로 전화주세요.

❹ ジナにお電話くださってありがとうございます。私はただ今電話に出られません。この番号には5時以降に、連絡ください。5時以前に、私と通話したい方は、携帯電話に連絡をおねがいします。

지나한테 전화주셔서 감사합니다. 저는 현재 전화를 받을 수 없습니다. 이 번호로는 5시 이후로 연락을 주세요. 5시 이전에 저와 통화를 원하시는 분은 휴대폰으로 연락주시기 바랍니다. 감사합니다.

자동응답기에 메시지 남기기

❶ もしもし、木村さん。私、鈴木だよ。待ち合わせ時間を確認するために、電話したよ。新宿で6時。もし時間と場所を変えたい時は、4時３０分までに電話してね。

じゃ、後でね。

안녕, 기무라씨. 나 스즈키인데, 우리 만나는 시간 확인하려고 전화했어. 신주쿠에서 6시야. 만약 시간이나 장소 바꾸고 싶으면 4시 반 전에 전화 줘. 그럼, 나중에 봐.

❷ もしもし、林。私、拓也だよ。電話してね。
안녕, 하야시. 나 다쿠야야. 전화 줘!

❸ もしもし、よし子に電話したとしおです。できるだけ早く電話をおねがいします。私の電話番号は３３４－５６３２です。
안녕하세요. 요시코에게 전화 한 토시오입니다. 가능한 한 빨리 전화주세요. 제 전화번호는 334-5632입니다.

❹ もしもし、鈴木さん。私はワンアンドワンのパクミナです。来週の金曜日に新しい製品に関する会議があります。通話のできる時、連絡ください。
안녕하세요. 스즈키씨. 저는 원앤원의 박미나입니다. 다음주 금요일에 새 제품에 관한 회의가 있습니다. 통화 가능할 때 연락주세요.

Unit 06 전화를 끊을 때

- 193 ～してからは '～하고 나서'라는 뜻입니다.
- 194 忘れないでくださいは '잊지 마세요'라는 표현입니다.
- 195 ～なくちゃは '～하지 않아서는'이라는 뜻입니다.

핵심패턴 익히기

193 通話始めてから、もう一時間過ぎたね。

dialogue

A : あら、通話始めてから、もう一時間過ぎたね。
B : 本当！ 全然知らなかった。

A : 어머나, 전화 통화한 게 벌써 한 시간이 넘었네.
B : 우리가 그랬어? 나도 몰랐네.

응용표현

내가 생각했던 것 보다 오래 대학에 있어요.	→	私が思っていたより長く大学にいます。
아무도 거기 일년 이상 있은 사람은 없어요.	→	誰もそこに一年以上いた人は、いません。
대기자 명단에 한 시간이 넘게 있었어요.	→	_____

정답 193 待機者リストに1時間以上、いました。

194 サンプルの布を入れるのも忘れないでください。

dialogue

A : はい、小包を送った後、こちらからお電話さしあげます。来週の木曜日までには着きます。

B : ありがとうございます。それからサンプルの布を入れるのも忘れないでください。

A : 네, 소포 보낸 후에 제가 전화 드리겠습니다. 다음주 목요일까지는 도착할 겁니다.
B : 고맙습니다. 그리고 견본천 넣는 것도 잊지 마세요.

니콜한테 말하는 거 잊지 마세요.	➜	ニコールに話すのを、忘れないでください。
떠날 때 문 잠그는 거 잊지 마세요.	➜	出かける前、ドアを閉めるのを、忘れないでください。
소포 보내는 거 잊지 마세요.	➜	_____

195 切らなくちゃ。

dialogue

A : でも、もう終ったことです。登録もしました。
B : 拓也、それは家で話そう。ママ、仕事中なの。切らなくちゃ。

A : 그렇지만 벌써 일어난 일 인걸요. 등록도 했어요.
B : 다쿠야, 그건 집에서 얘기하자. 엄마 지금 일하는 중이야. 끊어야겠다.

나는 지금 떠나야해.	➜	私は、すぐ出なくちゃ。
그거 지금 해야겠어.	➜	それ、今話さなくちゃ。
소노코랑 얘기 좀 해야겠어.	➜	_____

응용표현 정답 194 小包を出すのを、忘れないでください。 195 園子と、ちょっと話さなくちゃ。

상황표현 익히기

전화 마무리하기

❶ もう行かなきゃならないみたい。また後で連絡するよ。
그만, 가야 될 것 같아. 다시 연락하자.

❷ あら、私たちもう1時間以上、通話したよ。
세상에나, 우리 벌써 한 시간이 넘게 전화했어.

❸ 後でもう一回、話そうよ。
나중에 다시 얘기하자.

❹ 電話くれて、ありがとう。さよなら。
전화 줘서 고마워. 안녕.

❺ もう切るよ。
이제 그만 끊자.

다시 전화해 달라고 할 때

❶ 電話の状態がよくないです。かけ直します。
전화 연결 상태가 좋지 않아요. 다시 전화할게요.

❷ よく聞こえません。かけ直してもらえますか。
잘 들리지 않아요. 다시 전화 줄래요?

❸ 混線しています。かけ直します。
혼선이에요. 전화 다시 할게요.

❹ 雑音があります。
잡음이 있어요.

❺ 一人でいる時、また電話して。
혼자 있을 때 전화 다시 해.

그 외 전화상 표현

❶ 電話番号をおっしゃってくださいませんか。
전화번호 좀 말씀해 주시겠어요?

❷ 電話番号は何番ですか。
전화번호가 어떻게 되죠?

❸ 取り消すためには、何番に電話すればいいですか。
취소하려면 몇 번으로 전화해야 하나요?

❹ 警察は何番に電話しなければなりませんか。
경찰은 몇 번으로 전화해야 하나요?

❺ 誰も出ないですね。
전화를 안 받네요.

Unit 07

전화서비스

- **196** ~みたいです는 '~인 것같습니다, ~처럼 보입니다'라는 말입니다.
- **197** ~必要がありません은 '~할 필요가 없습니다, ~하지 않아도 됩니다'라는 뜻입니다.
- **198** 余裕がありません은 '~여유(여력)이 없습니다'라는 뜻입니다. 시간적, 금전적으로 여유가 없을 때 사용합니다.

■ 핵심패턴 익히기

196 血をながしているみたいです。

dialogue

A : だから、道で二人の男がけんかしているって。
B : はい、それに一人は血をながしているみたいです。

A : 그러니까 길에서 두 명의 남자가 싸우고 있다구요?
B : 네, 그리고 한 명은 피를 흘리고 있는 것처럼 보여요.

그녀는 잊어버린 거 같아요. → 彼女はもう忘れたみたいです。

그 사람이 나를 좋아하는 → あの人は、私が好きみたいです。
것 같아요.

요시코가 저 영화에 관심이 → _____
있는 거 같아요.

정답 196 よし子さんが、あの映画に興味があるみたいです。

197 外線電話は、他の番号を押す必要はありません。
dialogue

A: 外線電話は、何番を押さなければなりませんか。
B: 外線電話は、他の番号を押す必要はありません。

A: 외부전화는 몇 번을 눌러야 되나요?
B: 외부전화는 다른 번호를 누르지 않아도 됩니다.

입장을 위해 돈을 내실 필요는 없습니다.	→	入場のため、お金を払う必要はありません。
회원이시면 기다릴 필요가 없습니다.	→	会員なら、待つ必要はありません。
나한테 전화할 필요없어요.	→	_____

198 国際電話の料金を払う余裕がありません。
dialogue

A: 前田さまという方からのコレクトコールをお受けになりますか。
B: いいえ、国際電話の料金を払う余裕がありません。

A: 마에다라는 분에게서 온 수신자부담 전화를 받으시겠어요?
B: 아니오, 국제전화비를 낼 여력이 없어요.

집을 살 여력이 없어요.	→	家を買う余裕がありません。
변호사를 고용할 여력이 없어요.	→	弁護士を雇う余裕がありません。
장미꽃을 살 여력이 없어요.	→	_____

응용표현 정답 197 私に電話する必要はありません。 198 バラの花を買う余裕がありません。

■ 상황표현 익히기

114전화서비스

① 何か手伝いましょうか。
무엇을 도와드릴까요?

② 名前がリストにありません。
이름이 목록에 없습니다.

③ 日本の国家番号は何番ですか。
일본의 국가번호는 몇 번인가요?

④ プサンの市外局番は何ですか。
부산의 지역번호는 뭔가요?

⑤ ウルサンの市外局番は052です。
울산의 지역번호는 052입니다.

응급전화서비스

① 救急車を呼んでください。
구급차를 불러주세요.

② １１９に電話してください。
119에 전화해 주세요.

③ 警察を呼んでください。
경찰을 불러주세요.

④ 事故の現場はどこですか。
사고현장이 어디입니까?

❺ すぐに救急車を送ります。
바로 구급차를 보내겠습니다.

장거리/국제전화서비스

❶ 外線電話をするには、9番を押さなければなりませんか。
외부전화를 하려고 9번을 눌러야 하나요?

❷ 外線電話は何番を押せばいいですか。
외부전화는 몇 번을 누르면 되나요?

❸ 中国へ国際電話がしたいんですが。
중국으로 국제전화를 하고 싶은데요.

❹ ウルサンへコレクトコールをしたいんですが。
울산으로 수신자부담전화를 하고 싶은데요.

❺ キムという方から、コレクトコールで電話がありました。お受けになりますか。
김이라는 분에게서 수신자부담으로 전화가 왔습니다. 받으시겠어요?

부탁하는 표현

1. 친한 친구나 손아랫사람에게 부탁하는 경우

~て
~てもらえる。(~てくれる。)
~てもらえない。(~てくれない。)

ちょっと辞書貸して。(사전 좀 빌려줘.)
こっちに来て。(이리 와.)
レポートを見せてくれない。(리포트를 좀 보여주지 않을래?)

2. 동료나 연상의 지인에게 부탁하는 경우

~てもらえますか。(~てくれますか。)
~てもらえませんか。(~てくれませんか。)

電話をかけてもらえますか。(전화를 걸어주실래요?)
ちょっとペンを貸してくれませんか。(펜 좀 빌려주시지 않을래요?)

3 손윗사람에게 부탁하는 경우

~ていただけますか。(~てくださいますか。)
~ていただけませんか。(~てくださいませんか。)

教えていただけますか。(가르쳐 주시겠습니까?)
いい本を紹介していただけませんか。(좋은 책을 소개해 주시지 않겠습니까?)

4. 어려운 부탁을 할 경우

상대방에게 어렵거나 부담스런 부탁을 할 경우, 문 말에 [~でしょうか]를 더하면 더욱 더 완곡한 표현이 된다.

明日、休ませていただけないでしょうか。(내일 쉬어도 되겠습니까?)
お金を貸していただけませんでしょうか。(돈을 좀 빌릴 수 없겠습니까?)

PART 11

의견

Unit 1 제안하기
Unit 2 질문하기
Unit 3 의견 말하기
Unit 4 불평, 불만 토로하기
Unit 5 충고하기
Unit 6 동의/반대하기
Unit 7 추측/예상/가정

Tip - 이메일에서 자주 쓰는 표현들

Unit 01

제안하기

- 199 ~のは、どう？는 '~하는 것은 어때?'라는 의미입니다.
- 200 ~と思います '~라고 생각합니다'라는 표현입니다.
- 201 ~始めよう는 의지형의 표현입니다. '시작해야지, 시작하자'라는 말입니다.

■ 핵심패턴 익히기

199 昼ごはんを早目に食べるのは、どう？

dialogue

A: すごくお腹すいた。朝ごはんも食べなかったし。
B: 本当？それなら、昼ごはんを早目に食べるのは、どう？

A: 가나 너무 배고파. 아침도 안 먹었어.
B: 진짜? 그럼, 점심부터 먹는 건 어때?

응용표현

저녁으로 피자 어때? → 夕ごはんにピザは、どう？

좀 쉬는게 어때? → ちょっと休むのは、どう？

이 문제는 건너뛰는 게 어때? → ＿＿＿＿＿＿＿＿＿＿＿＿

응용표현 **정답** 199 この問題をとばすのは、どう？

200 契約書の項目をもう一度、確認しなければならないと思います。

dialogue

A : 私の考えでは、一番目のものを契約するのが、いいかと思います。

B : その前に、契約書の項目をもう一度、確認しなければならないと思います

A : 제 생각은 첫 번째 것으로 계약하는 것이 좋을 듯 합니다.
B : 그러기 전에, 계약서의 조항들을 다시 한번 확인해야 할 것 같습니다.

불평하기 전에 먼저 시도해보는 것이 좋을 듯해요.	→	文句を言う前に、まず試してみるのがいいかと思います。
그가 가는 것이 좋을 듯합니다.	→	その人が行くのがいいかと思います。
가능한 한 빨리 등록을 하는 것이 좋을 듯 합니다.	→	_____

201 中村なしで、始めよう。

dialogue

A : 中村からたった今電話があって、1時間以内に着くそうだよ。

B : 1時間？遅すぎるよ。じゃ、中村なしで、始めよう。

A : 나카무라가 금방 전화해서 한 시간 안으로 도착할 거래.
B : 한 시간? 너무 늦어. 그럼, 나카무라 없이 시작하자.

솔직하게 얘기해 보자.	→	正直に話してみよう。
목록부터 확인해 보자.	→	リストから確認してみよう。
여기서 나가는 길부터 찾아보자.	→	_____

정답 200 できるだけ、早く登録するのがいいかと思います。　201 ここから出る道から、探してみよう。

상황표현 익히기

제안하기

① 最も難しい問題は、最後にするのがいいかと思います。
가장 어려운 문제는 마지막으로 하는 것이 좋을 듯합니다.

② 少し後で話すのはどう？
조금 있다 얘기하는 게 어때?

③ 昼ごはん、食べに行きましょうか。
점심 먹으러 갈까요?

④ この問題はとばそう。
이 문제는 건너뛰자.

⑤ 順番どおりにするのがいいだろう。
순서대로 하는 게 좋을걸.

⑥ その場所にもどらなきゃならないみたいだ。
그 장소로 우리 돌아가야 할 것 같아.

이유 물어보기

① どうしてそう説明できますか。
왜 그런지 설명해 주실 수 있나요?

② それはなんでそうなの？
그건 왜 그런 거야?

③ なんで私たちの味方はだれもいないの？
왜 우리 편은 아무도 없는 거야?

❹ あなたが潔白だと私が信じてると思うの？
네가 결백하다는 걸 내가 믿을 거라 생각해?

❺ あなたが私を差別する理由がわからないよ。
네가 나를 차별하는 이유를 모르겠어.

제안에 대한 답

❶ どうしてそう思いますか。
왜 그렇게 생각합니까?

❷ まさにそれだよ。
바로 그거예요.

❸ もう少し早目に言わなきゃいけなかったでしょ。
좀 더 일찍 말했어야죠.

❹ あなたが正しい。
당신이 맞아요.

❺ 本当にいい考えですね。
정말 좋은 생각이네요.

❻ あなたが考えるほど、簡単じゃないです。
당신이 생각한 것만큼 쉽지는 않을 겁니다.

Unit 02 질문하기

202 私が〜したでしょ？는 '내가 ~했지?'라는 말입니다.
203 よくわかりました는 '잘 알겠습니다'라는 표현입니다.
204 本当に는 '정말로'라는 말입니다.

핵심패턴 익히기

202 私がはっきり説明したでしょ？

dialogue

A : じゃ、私がはっきり説明したでしょ？
B : 全然わからないよ。話したいのは何？

A : 그럼, 내가 명확하게 설명한 거지?
B : 하나도 모르겠어. 말하고 싶은 것이 뭐야?

내가 제대로 선택한 거예요? → 私がちゃんと選んだんでしょうか。

내가 잘못 선택한 거예요? → 私がまちがえて選んだんでしょうか。

내가 실수한 거야? → _____

응용표현 정답 202 私がまちがえたの。

300

203 よくわかります。

dialogue

A: もちろんです。顧客が電話をかけると、まず、留守番電話が出ます。それから留守番電話の指示にしたがって顧客がボタンを押すと… 今までの話がおわかりですか。

B: はい、よくわかります。

A: 물론이죠. 고객이 전화를 걸면 제일 먼저 자동응답기가 전화를 받습니다. 그리고 자동응답기의 지시에 따라 고객이 버튼을 누르면… 지금까지는 이해되십니까?
B: 네, 충분히 이해갑니다.

저렴한 것 같아요.	→	安そうですよ。
저 사람은 열정적이야.	→	あの人は情熱的だ。
그것 좋은 것 같아.	→	_____

204 本当にわかりにくいよ。

dialogue

A: あの人、何って言ってるの？一つもわからない。
B: ぼくも同じだよ。あの人の話は、本当にわかりにくいよ。

A: 저 사람이 뭐라고 하는 거야? 하나도 못 알아듣겠어.
B: 나도 마찬가지야. 저 사람 말은 너무 난해해.

나 술 안 취했어.	→	私は酒に酔ってないよ。
나 정말 멀쩡해.		本当にまだ大丈夫。
소노코의 피부는 아기 피부처럼 고와.	→	園子の肌は赤ちゃんみたいにきれいだね。
소노코와 미나는 정말 친한 친구야.	→	_____

정답 203 それ、よさそうだよ。 204 園子とミナは本当に親しい友達だね。

상황표현 익히기

상대방이 자신의 말을 이해했나 확인할 때

❶ はっきり説明(せつめい)したんでしょ?
명확하게 설명한거지?

❷ わかった?
이해했어?

❸ 何(なん)の意味(いみ)かわかるでしょ?
무슨 뜻인지 알지?

❹ 今(いま)までのこと、おわかりになったでしょ。
지금까지 이해하셨죠?

❺ 私(わたし)が言(い)いたいことがわかりますか。
제가 무슨 말을 하는지 알겠어요?

❻ 私(わたし)の話(はなし)の要点(ようてん)がわかりますか。
제 말의 요점을 아시겠어요?

이해 못했을 때

❶ 理解(りかい)できなかった。
이해 못했어.

❷ 今(いま)、何(なに)を言(い)ってるの?
지금 무슨 말 하는 거야?

❸ 全然(ぜんぜん)わからない。
이해가 안돼.

④ 何ですか。
뭐라고요?

⑤ あなたが言ったことがわからなかった。
네가 말한 거 못 알아들었어.

⑥ もう一度、言ってください。
다시 한번 말씀해 주세요.

이해했을 때

① わかったよ。
알아들었어.

② わかってるよ。
이해하고 있어.

③ 何の意味かわかる。
무슨 뜻인지 알겠어.

④ よくわかります。
충분히 이해됩니다.

⑤ わかります。
이해해요.

Unit 03 의견말하기

205 どう思う？는 '어떻게 생각하니?'라는 말입니다.
206 私が考えた限りは '내가 생각한 바로는'이라는 뜻으로 자신의 의견을 이야기 할 때 사용합니다.
207 〜かな는 '〜일까나?'라는 추측의 말입니다.

■ 핵심패턴 익히기

205 今の状況についてどう思う？

dialogue

A : 今の状況についてどう思う？
B : そうだね。私はその人が悪かったと思うよ。その人が謝らなきゃ。

A : 지금 이 상황에 대해서 어떻게 생각해?
B : 글쎄, 나는 그 사람이 나빴다고 생각해. 그 사람이 사과해야지.

그것에 대해 어떻게 생각해?	→	それについて、どう思う？
선물을 주고받는 것에 대해 어떻게 생각해요?	→	プレゼントを交換することについて、どう思いますか。
새 규정에 대해서 어떻게 생각해요?	→	_____

정답 205 新しい規定について、どう思いますか。

206 私が考えた限りでは、あの人たちは私たちの決定に同意しないと思います。

dialogue

A: 他の意見、ありますか。
B: 私が考えた限りでは、あの人たちは私たちの決定に同意しないと思います。

A: 다른 의견 있으신가요?
B: 제 생각으로는, 그들은 저희 결정에 동의하지 않을 겁니다.

지금까지 제가 생각한 바로는, → 今まで、私が考えた限りでは、
그건 무리입니다. それは無理です。

지금까지 내가 생각한 바로, → 今まで、私が考えた限りでは、両親
부모님의 의견을 듣는 것은 の意見を聞くことはとても大切だ。
매우 중요해.

지금까지 내가 생각한 바로는, → _____
TV보는 것은 시간낭비야.

207 もっと詳しい情報もらえるかな。

dialogue

A: もっと詳しい情報もらえますか。
B: もちろん。いいですよ。

A: 좀 더 자세한 정보를 받을 수 있을까요?
B: 물론 괜찮습니다.

우리 서울로 이사 갈 수 있을까? → 私たち、ソウルに引っ越しできるかな。

우리 영원히 살 수 있을까? → 私たち、永遠に生きられるかな。

우리 그걸 잊을 수 있을까? → _____

정답 206 今まで、私が考えた限りでは、テレビを見るのは時間の浪費だよ。 207 私たち、それを忘れられるかな。

상황표현 익히기

다른 의견을 물어볼 때

① 何か言いたいことがありますか。
뭐 하고 싶은 말 있나요?

② それについてどうお考えですか。
그것에 대해 어떻게 생각하세요?

③ あなたの意見はぼくと違うの？
네 의견은 나랑 다르니?

④ 他に、何か言いたいことがありますか。
다른 할 말 있어요?

⑤ もっと話したい方、いらっしゃいますか。
하고 싶은 말 있으신 분 계신가요?

⑥ 他の意見がありますか。
다른 의견 있으신가요?

제 생각에는..

① 私は彼のまちがいだと思います。
저는 그가 잘못한 거라고 생각해요.

② 私はあなたが正しいと思う。
나는 네가 옳았다고 생각해.

③ 私が考えた限りでは、私たちはそこに行っちゃいけないと言うことだよ。
내가 생각하는 건 우리가 거기 가면 안 된다는 거야.

❹ 私が考えた限りでは、あなたの決定が正しいです。
제 관점에서는, 당신 결정이 옳았어요.

❺ 私の意見としては、それは不可能です。
제 의견으로는, 그건 불가능해요.

부가 설명을 요구할 때

❶ 詳しい情報を話してもらいたいんですが。
자세한 정보를 얘기해주셨으면 합니다.

❷ もっと話してください。
조금 더 이야기를 해주세요.

❸ つづりを言っていただけますか。
철자 좀 말해주시겠어요?

❹ もう一度、おっしゃっていただけますか。
다시 말씀해 주시겠어요?

❺ すみませんが、今おっしゃったことがわかりません。
죄송하지만 지금 말씀하시는 걸 이해 못하겠습니다.

❻ もっと詳しい説明をしていただけますか。
조금 더 자세한 설명 좀 해주시겠어요?

Unit 04 불평, 불만 토로하기

208 ~うんざりだ는 '~에 질리다'라는 뜻입니다.
209 私の考えでは는 '내 생각으로는'이라는 뜻입니다.
210 私があなたに望むのは는 '내가 당신에게 바라는 것은 '이라는 뜻입니다.

핵심패턴 익히기

208 あの人にはうんざりだ。

dialogue

A : 我慢して。あの人が明日行くこと、あなたも知ってるじゃない。
B : 今まで我慢していたよ。あの人にはうんざりだよ。

A : 그가 내일 떠난다는 걸 너도 알잖아.
B : 여태껏 참고 있었어. 그 사람한테 질려버렸어.

너한테 질려버렸어.	→	あなたにうんざりだ。
너절한 핑계에 질려버렸어.	→	くだらないいいわけにはうんざりだよ。
햄버거에 질렸어요.	→	_____

정답 208 ハンバーガーにはうんざりだよ。

209 私の考えでは、話さなくてはいけないと思うよ。

dialogue

A: ここは本当に最悪だね。不親切なサービスに、食べ物はまずいし。
B: 私もそう思う。ここは本当にひどい。話さなくちゃいけないと思うよ。

A: 여기 정말 엉망이다. 불친절한 서비스에 음식은 맛 없고.
B: 나도 동감이야. 여기 정말 심해. 얘기해야 할 것 같아.

내 생각엔 지금 가야 할 것 같아.	→	私の考えでは、今行かなくちゃいけないと思うよ。
내 생각엔 네가 그한테 사과해야 한다고 생각해.	→	私の考えでは、あなたが彼に謝らなくちゃいけないと思うよ。
내 생각엔 모든 사람들이 이 책을 읽어야 한다고 생각해.	→	_____

210 私があなたに望むのは、行動です。

dialogue

A: 私どものサービスにご満足いただけなかったとは、まことに申し訳なく思います。
B: あなたの言い訳は、もうじゅうぶん聞きました。私が望むのは、行動です。

A: 저희 서비스에 만족하지 않으셨다니 진심으로 유감입니다.
B: 지금까지 당신의 핑계는 충분히 들었습니다. 제가 원하는 것은 행동입니다.

제가 당신에게 원하는 것은 이것을 받는 것입니다.	→	私があなたに望むのは、これを受け取ることです。
제가 당신에게 원하는 것은 적기를 기다리라는 것입니다.	→	私があなたに望むのは、いい機会を待つということです。
내가 너한테 원하는 것은 그냥 의자에 앉으라는 거야.	→	_____

정답 209 私の考えでは、みんながこの本を読まなくちゃいけないと思うよ。　210 ぼくがあなたに望むのは、ただ椅子に座るということだよ。

상황표현 익히기

불평/불만 토로하기 1

❶ こんな風に言って申し訳ないですが、これは公平じゃないんです。
이렇게 말해서 죄송합니다만 그건 공평치 않아요.

❷ ご迷惑かけて申し訳ありませんが、私の部屋の窓が開けられないんです。
귀찮게 해서 죄송합니다만 제 방 창문을 열 수가 없어요.

❸ 給料について、何かの誤解があったみたいですね。
임금에 관해서 무언가 오해가 있었던 거 같은데요.

❹ これまで、あなたのいいわけはじゅうぶんに聞きました。
지금까지 당신의 핑계는 충분히 들었습니다.

❺ 私が望むのは、行動です。
제가 원하는 것은 행동입니다.

❻ 他の方とは話したくないです。
다른 분과는 얘기도 하고 싶지 않습니다.

❼ 今まで、あなたを入れて、10人に抗議しました。
지금까지 당신을 포함해서 10명에게 항의를 했습니다.

불평/불만 토로하기 2

❶ この状況での、あなたの行動が気に入りません。
이 상황에 대한 당신의 행동이 맘에 들지 않습니다.

❷ この問題をもっと真剣に考えてみます。
이 문제를 좀 더 심각하게 생각해 보겠습니다.

❸ 私も我慢に我慢を重ねてきましたから、今すぐ、この問題を解決してください。
저도 참을 만큼 참았으니, 지금 당장 문제를 해결해 주세요.

❹ 今、私が望んでいるのは、私が経験させられた不親切なサービスに対する補償です。
지금 제가 원하는 것은 지금까지 제가 경험한 미흡한 서비스에 대한 보상입니다.

❺ もうこれ以上、我慢できません。
참을성을 잃기 바로 직전입니다.

말한 내용을 확인할 때

❶ 何とおっしゃいましたか。
뭐라고 하셨죠?

❷ １３とおっしゃいましたか、それとも、30とおっしゃいましたか。
13이라고 하셨나요? 아니면 30이라고 하셨나요?

❸ 木村さんとおっしゃいましたね。そうですね。
기무라 씨라고 하셨죠. 그렇죠?

❹ 彼に1年も、会わなかったと言うのは確かですか。
그를 1년이나 못 봤다는 게 확실합니까?

❺ その人を知らないというのは、本当ですか。
그 사람을 알지도 못한다는 게 정말입니까?

Unit 05 충고하기

- 211 ~た方がいい는 '~하는 편이 좋다'라는 표현입니다.
- 212 私があなたなら는 '내가 너라면'이라는 표현입니다.
- 213 ~じゃないなら는 '~하지 않으면'이라는 표현입니다.

핵심패턴 익히기

211 家に帰った方がいいよ。

dialogue

A : 私たち、2次会に行こう。どこに行こうか。
B : あなたの門限は12時でしょ。私の考えでは、あなたのお母さんが電話する前に家に帰った方がいいよ。

A : 우리 2차 가자. 어디로 갈까?
B : 너 통행금지 시작이 자정이잖아. 내 생각엔 너희 엄마가 전화하기 전에 집에 가는 게 좋을 거야.

그 사람 조심하는 게 좋을걸.	➡	あの人に気をつけた方がいいよ。
너도 아는 게 좋을 거야.	➡	あなたも知っている方がいいよ。
나한테 사실대로 말하는 게 좋을 걸.	➡	_____

응용표현 **정답** 211 私に本当のこと言った方がいいよ。

212 私があなたなら、その仕事しないよ。

dialogue

A: 私が東京に引っ越さなきゃいけないことだけ除けば、本当に完璧な職場なんだけど。
B: 私なら、その仕事しないよ。

A: 내가 도쿄로 이사가야 한다는 것만 제외하면 정말 완벽한 일자리인데.
B: 나라면 그 일 하지 않을거야.

내가 너라면 신경 쓰지 않을 거야.	→	私があなたなら、気にしないよ。
제가 당신이라면 그를 초대하지 않을 거예요.	→	私があなたなら、あの人を招待しないでしょう。
내가 너라면 걱정하지 않을 거야.	→	_____

213 あの人を侮辱したくないなら、二度とそんなことは言わないで。

dialogue

A: あの人を侮辱したくないなら、二度とそんなことは言わないで。
B: あまり深刻に受けとめないで。ただの冗談だったんだよ。

A: 그를 모욕하고 싶은 게 아니면 다시는 그 말하지 마.
B: 너무 심각하게 받아들이지 마. 난 그냥 농담이었다고.

네가 정말 그걸 잘하지 않으면 절대 시도하지마라.	→	あなたが本当によくできないなら、絶対始めないで。
사용하지 않을 거면 사지마세요.	→	使わないなら、買わないで。
시작하지 않으면 절대 얻을 수 없어요.	→	_____

정답 212 私があなたなら、心配しないよ。　213 始めないなら、絶対得ることができないんです。

상황표현 익히기

충고/주의를 줄 때

① あなたのお母さんが電話する前に、すぐ家へ帰った方がいいよ。
너희 엄마가 전화하시기 전에 지금 집에 가는 게 좋을 거야.

② 自分がしたいことをして。
네가 하고 싶은 걸 해.

③ 私の言葉を肝に銘じると、いいよ。
내 말을 명심하는 게 좋을 거야.

④ 私があなたなら、そんなことはしません。
저라면, 그 일 하지 않을 겁니다.

⑤ 気をつけて！
조심해!

⑥ 一生懸命に勉強しないと、試験に落ちるよ。
공부 열심히 하지 않으면 시험에서 떨어질 거야.

충고나 주의에 대한 답변들

① 忠告、ありがとう。
충고 고마워.

② 肝に銘じるよ。
명심할게.

③ あなたが正しいと思う。
네 말이 맞는 거 같아.

❹ あなたが合っているかも。
네 말이 맞을 수도 있어.

❺ 他の人の意見も聞かなくちゃいけないと思います。
다른 사람들 의견도 들어봐야 할 것 같아요.

❻ 私、絶対そうできない。
(절대) 그렇게 못해.

조언

❶ あまり彼に期待しすぎるな。
그한테 너무 많이 기대하지는 마.

❷ 私の考えでは、おまえがニコールに謝らなきゃいけないと思うよ。
내 생각엔 네가 니콜한테 사과해야 할 것 같아.

❸ あなたの直感にしたがって、やりなさい。
당신의 직감에 따라서 하세요.

❹ 自分自身を信じるのが大切です。
당신 자신을 믿는 것이 중요합니다.

❺ 彼に言うことは、おまえがするべきだよ。
그에게 말하는 것이 네가 해야할 일이야.

Unit 06 동의/반대하기

214 好きなように는 '좋을 대로'라는 뜻입니다.
215 これ以上~できません은 '이 이상 ~할 수 없어요'라는 말입니다.
216 ~たくありません은 '~하고 싶지 않습니다'라는 뜻입니다.

■ 핵심패턴 익히기

214 私は自分が好きなようにするよ！

dialogue

A : うちの母は毎日だめだというの。これは私の人生で、母の人生じゃないでしょ。私は自分が好きなようにするよ。

B : あなたの話も正しいけど、お母さんは、ただあなたを心配してるから、そう言うのよ。

A : 우리 엄마는 매일 안 된다고만 해. 이건 내 인생이지 엄마 인생이 아니잖아. 나는 내가 원하는 대로 할 거야!
B : 네 말도 맞지만 엄마는 그냥 널 걱정하셔서 그런 거야.

네가 뭘 하든 신경 안 쓸거야. → あなたが何をしても、全然気にしないよ。

누구든 이기는 사람이랑 결혼할거야. → 誰でも、成功する人と結婚するよ。

난 네가 가는 곳은 어디든 갈 거야. → _____

응용표현 **정답** 214 私はあなたが行く所なら、どこにでも行く。

215 これ以上、同意できません。

A: それが、私たちができる最後の方法です。
B: これ以上、同意できません。

A: 그것이 우리가 할 수 있는 마지막 방법입니다.
B: 이 이상 동의할 수가 없어요.

이 이상 명확하게 설명할 수가 없어요. → これ以上、明確に説明できません。

이 이상 더 강력하게 이 호텔을 추천할 수 없어요. → これ以上、もっと強くこのホテルを推薦できません。

전적으로 동의해요. → _____

216 言いたくありません。

A: 今はどう思いますか。
B: 言いたくありません。

A: 이제는 어떻게 생각하세요?
B: 말하고 싶지 않습니다.

거기 가고 싶지 않아요. → そこに行きたくありません。

그를 방해하고 싶지 않아요. → 彼をじゃましたくありません。

반복하고 싶지 않아요. → _____

응용표현 정답 215 全く同感です。　216 繰りかえしたくありません。

상황표현 익히기

동의하기

① 同感です。
동감이에요.

② 私もそう思う。
나도 그렇게 생각해.

③ それが、まさに私が感じることです。
그게 바로 제가 느끼는 바에요.

④ ニコールに同意するしかありません。
니콜에게 동의할 수밖에 없어요.

⑤ 私の意見も同じです。
제 의견도 같습니다.

⑥ 賛成です。
찬성이에요.

반대하기

① 冗談でしょ？
농담하는 거지?

② 悪いけど、反対です。
(미안하지만) 반대에요.

③ それは反対です。
그건 반대에요.

④ そう思っていません。
그렇게 생각하지 않아요.

⑤ 何のことか、わかりますが、それは不可能です。
무슨 말인지는 알겠지만, 그건 가능하지 않아요.

⑥ すみませんが、あなたの意見には同意できません。
미안하지만 당신 의견에 동의할 수 없어요.

답변하기가 곤란할 때

① よくわかりません。
잘 모르겠네요.

② それについては、よくわかりません。
그것에 대해선 잘 모르겠어요.

③ 言いません。
말하지 않겠습니다.

④ 言いたくありません。
말하고 싶지 않아요.

⑤ 考える時間をください。
생각할 시간을 좀 주세요.

⑥ 考えてみます。
생각해 볼게요.

Unit 07 추측/예상/가정

- **217** あやしい는 '의심스럽다'라는 뜻입니다.
- **218** ～だと思うよ 는 '～일거라고 생각하다, ～짐작하다'라는 뜻입니다.
- **219** 可能性は50:50です는 '가능성은 50대 50입니다'라는 뜻입니다.

■ 핵심패턴 익히기

217 本当に彼がそこにいたかどうか、あやしいよ。

dialogue

A: はっきりしているけど、それは園子だったよ。そこにいたよ。
B: 本当に彼がそこにいたかどうか、あやしいよ。彼は行かないと言ったんだ。

A: 확신하는데 그건 소노코였다니까. 거기 있었어.
B: 나는 그가 정말 거기 있었는지 의심돼. 안 간다고 했었거든.

그가 오늘아침 6시에 일어났는지 의심스러워.	→	彼が今朝、6時に起きたかどうか、あやしい。
내일 날씨가 좋을지 의심스러워.	→	明日の天気がいいかどうか、あやしい。
그가 오늘 올지 의심스러워.	→	_____

정답 217 彼が今日来るかどうか、あやしい。

218 私は、彼女が４０代半ばだと思うよ。

A : あの女の人、何歳ぐらいに見える？
B : 私は、彼女が４０代半ばだと思うよ。

A : 저 여자 몇 살처럼 보여?
B : 나는 그녀가 40대 중반일 것으로 짐작해

그녀가 170cm 정도 된다고 생각해.	→	彼女が170cmくらいだと思うよ。
그는 30대 일거라고 생각해.	→	彼は３０代くらいだと思うよ。
그는 약 21살 정도라고 생각해	→	_____

219 可能性は５０：５０です。

A : あなたはそれが事実だと思う？
B : そうだね。よくわからないけど、可能性は５０：５０だよ。

A : 너는 그것이 사실일거라고 생각해?
B : 글쎄 잘은 모르겠지만 가능성은 50대 50이야

그럴 가능성이 커요.	→	そうなる可能性が大きいですね。
그럴 가능성이 적어요.	→	そうなる可能性は少ないです。
그럴 가능성이 있어요.	→	_____

정답 218 彼はだいたい21歳くらいだと思うよ。 219 そうなる可能性があります。

상황표현 익히기

추측/예상

① あの人は同意しそうにありません。
그 사람 동의할 것 같지 않아요.

② 彼女は、話したように痛くはなさそうですね。
그녀는 말하는 것처럼 아프지 않은 거 같아요.

③ 多分、言わないでしょう。
아마도 얘기하지 않을 거예요.

④ そうらしい。
그런 것 같아.

⑤ そうなる可能性はほとんどありません。
그럴 가능성은 거의 없어요.

가정

① もし私があなただったら、そう言わないだろう。
내가 만약 너였다면 그렇게 말하지 않았을 거야.

② あなたが望めば、そうできる。
네가 원한다면 그렇게 할 수 있어.

③ あなたが私を助けてくれれば、よかったのに。
당신이 날 도와줄 수 있다면 좋을텐데.

④ 私たちが別れたら、どうする。
우리가 헤어지면 어떻해?

❺ あなたが私を愛したら、私もあなたを愛するよ。
네가 나를 사랑한다면 나도 너를 사랑할 거야.

대답

❶ あなたが正しいと思うよ。
네가 옳다고 생각해.

❷ 一理、ありますね。
일리가 있네요.

❸ だれも知らないでしょう。
아무도 모르죠.

❹ 神様だけが知っているでしょう。
하늘만이 알 거예요.

❺ そうなると分かっていた。全く予想できなかった。
그럴 줄 알았어. 전혀 예상하지 못했어.

이메일에서 자주 쓰는 표현들

1. 첫머리

こんにちは。_____です。(안녕하세요. ___입니다.)
いつもお世話になっています。(항상 신세를 지고 있습니다.)
ごぶさたしております。(오랜만입니다.)
お電話しましたが、いらっしゃらなかったのでメールにしました。
(전화드렸습니다만, 안계셔서 메일로 보냈습니다.)
突然ですみませんが。(갑자기 죄송합니다만.)

2. 답장

メール拝見しました。(메일 보았습니다.)
ご返事が遅れて申し訳ありません。(답장이 늦어서 죄송합니다.)

3. 부탁

お手数ですが。(귀찮더라도.)
〜していただけないでしょうか。(〜해 주실수 있으십니까?)
ご返事／ご連絡をお待ちしております。(답신/연락 기다리겠습니다.)

4. 확인

_____を添付ファイルにしましたので、ご覧ください。
(_____을 첨부화일로 보냈으니 봐주십시오.)
_____を添付しましたので、ご確認ください。(___을 첨부했으니 확인해 주세요.)

5. 마지막 말

では／では、また。(그럼/그럼 또.)
取り急ぎメールにて失礼いたします。(우선 급한대로 이메일로 실례하겠습니다.)
楽しい週末／休暇をお過ごしください。(즐거운 주말/휴가 보내세요.)
まずは取り急ぎ、お礼／お知らせ／ご報告／お願いまで
(우선 급한대로 감사인사만 드립니다/알려만 드립니다/보고만 드립니다/부탁만 드립니다)

PART 12

감정

Unit 1 기쁨

Unit 2 감동/놀람/무서움

Unit 3 슬픔/우울/유감

Unit 4 화/실망

Unit 5 걱정

Unit 6 싸움/비난

Unit 7 칭찬

Tip - 상대방과 대화하기

Unit 01

기쁨

- **220** 本当にうれしいです는 '정말로 기쁩니다'라는 뜻입니다.
- **221** これ以上~ことはありません은 '더 ~한 것은 없어요'라는 표현입니다.
- **222** とても~しているよ는 '대단히 ~해요'라는 말입니다.

■ 핵심패턴 익히기

220 私は、中村さんが昇進したことをお知らせできて、本当にうれしいです。

dialogue

A: 私は、中村さんが昇進したことをお知らせできて、本当にうれしいです。

B: 本当ですか。冗談じゃないでしょ？そうでしょ？

A: 저는 나카무라씨가 승진했단 것을 알려드리게 되서 기쁩니다.
B: 정말이요? 농담하는 거 아니시죠, 그렇죠?

네 친구가 되서 정말 기뻐. → あなたと友達になれて、本当にうれしい。

미나씨를 여러분께 소개하게 → ミナさんをみなさんに紹介できて、
되서 기쁩니다. 本当にうれしいです。

서울을 다시 방문하게 → _____
되서 기뻐요.

정답 220 ソウルを再び訪れることができて、本当にうれしいです。

221 これ以上いいことはありません。

dialogue

A : 結婚の日を決めましたか。鈴木さんから聞きましたよ。
B : はい、これ以上いいことはありません。

A : 결혼 날짜 잡았어요? 스즈키씨한테 들었어요.
B : 네, 어느 것도 이보다 좋을 순 없어요.

더 이상 나쁠 수 없어요. → これ以上悪いことはありません。

그것보다 더 위험한 건 없어요. → それより危ないことはありません。

그것보다 인기 있는 건 없어요. → _____

222 とても満足しているよ。

dialogue

A : とても満足しているよ。
B : そうなの？でも、私はちがうの。

A : 난 아주 만족해.
B : 그래? 하지만 난 아니야.

난 너무 행복해. → 私はとても幸せだよ。

난 그하고는 정말 틀려. → 私は彼とは、本当に違うよ。

난 정말 이기적이야. → _____

정답 221 それより人気があるのはありません。　222 私はとても利己的だよ。

상황표현 익히기

기쁨 1

❶ 本当によかったですね。
정말 잘 됐어요.

❷ それはいいニュースですね。
그거 좋은 소식이네요.

❸ よかった。
잘 됐어.

❹ それを聞くと、本当にうれしいですね。
그걸 들으니 정말 기쁘네요.

❺ これ以上、いいことはありません。
어느 것도 이보다 좋을 순 없어요.

❻ 本当に楽しかったです。
정말 즐거웠습니다.

기쁨 2

❶ これ以上はないほど、うれしい。
더할 나위 없이 기뻐

❷ 最高に幸せです。
최고로 행복해요.

❸ 全く信じられない。
도무지 믿어지지가 않아.

④ すごい。何と言えばいいかわからない。
　굉장하다. 무슨 말을 해야 할지 모르겠어.

⑤ 私は、あなたがそんなに幸せそうなの、初めて見た。
　나는 네가 그렇게 행복해 하는 거 처음 봐.

⑥ 楽しかったです。
　즐거웠어요.

만족

① かなり満足しています。
　꽤 만족해요.

② あなたはそれに満足してるるの?
　너 그것에 만족하니?

③ 100%満足です。
　100% 만족해요.

④ 本当に気楽ですね。
　마음이 정말 편안해요.

⑤ よかったね。これ以上いいことはないでしょ?
　잘됐다. 이보다 더 좋을 수 없을걸?

Unit 02 감동/놀람/무서움

223 ~に感動受けた는 '~에 감동받았다'라는 수동의 표현입니다.
224 本当に는 '정말로'라는 뜻으로 감탄하거나 놀랐을 경우 사용합니다.
225 ~したじゃない는 '하지 않았니?'라는 표현입니다.

핵심패턴 익히기

223 私は彼の優しさにすごく感動受けたわ。

dialogue

A : いったいどうして、あの人をそんなに愛することになったの。
B : 私は彼の優しさにすごく感動受けたからよ。

A : 도대체 어떻게 그 사람을 그렇게 사랑하게 된 거야?
B : 그의 다정다감함에 너무 감동받았어.

당신 목소리에 감동 받았어요. → あなたの声に感動受けました。

나의 아버지처럼 행동하려는 → 私の父のように行動しようとする
그의 노력에 감동받았어요.　　彼の努力に感動受けました。

나는 당신의 친절한 편지에 → _____
감동받았어요.

정답 223 私はあなたの親切な手紙に感動受けました。

224 すばらしいアイディアですね。

dialogue

A : 本当にすばらしいアイディアですね。
B : 本当にそう思いますか。

A : 정말 멋진 생각이에요!
B : 정말 그렇게 생각해요?

한국팀 정말 멋진 경기를 했어요! → 韓国チームは、本当にすばらしい競技をしました。

정말 끔찍한 날이야! → 本当に最悪の日だ。

정말 예의바른 꼬마아가씨네! → _____

225 びっくりしたじゃない！

dialogue

A : おい！
B : あらまあ、拓也、びっくりしたじゃない！二度と私に大きい声を出さないで。

A : 야!
B : 세상에나. 다쿠야, 놀랐잖아. 다신 나한테 소리 지르지 마.

네가 나를 감동시켰어. → あなたが私を感動させた。

네가 나를 찼어. → あなたが私をふった。

네가 나를 구했어. → _____

정답 224 本当に礼儀正しいお嬢さんだね。　225 あなたが私を救った。

상황표현 익히기

감동

① 彼女は彼の優しさに感動した。
그녀는 그의 친절함에 감동했다.

② 本当にいいニュースだ。
정말 좋은 소식이다.

③ あなたは本当に優しいです。
당신은 정말 다정해요.

④ 私、感動したよ。
나 감동받았어.

⑤ それは信じられないほど、よかった。
그건 믿어지지 않을 정도로 좋았어.

⑥ あなたの作品に感動した。
네 작품에 감명 받았어.

⑦ それについて、考えたことがありません。
그것에 관해서 생각해 본적이 없어요.

놀람

① 本当に？
정말로?

② そんなはずが。
그럴 리가

❸ 冗談でしょ。
농담하는 거지?

❹ 私、その時、あっけにとられたよ。
나 그때 어처구니가 없었어.

❺ 事実であるはずがない。
사실일 리가 없어.

❻ 私、それを信じられない。
나 그거 믿을 수가 없어.

❼ びっくりすることは、一つもない。
놀랄 건 없어.

무서움

❶ ほとんど気をうしなうところだった。
거의 기절할 뻔 했어.

❷ それは怖い。
그건 무서워.

❸ 恐れるものはない。
무서워할 것 없어.

❹ 怖がるな。
겁먹지 마.

❺ 私は虫が怖い。
나는 벌레들이 무서워.

Unit 03

슬픔/우울/유감

226 残念だけど는 '유감이지만'이라는 표현입니다.
227 すごくは '너무나도'라는 뜻입니다.
228 何もしたくない는 '아무것도 하고 싶지 않다'라는 뜻입니다.

■ 핵심패턴 익히기

226 残念だけど、本当です。

dialogue

A: おばあさんがなくなったということを聞いたよ。
B: 残念だけど、本当です。

A: 할머니가 돌아가셨다고 들었어.
B: 유감이지만 사실이에요.

유감이지만 명백해요. → 残念だけど、明らかなことです。

유감이지만 늦었어요. → 残念だけど、手遅れです。

유감이지만 나빠요. → _____

응용표현 정답 226 残念だけど、悪いですね。

334

227 すごく悲しかった。

dialogue

A: おばあさんのお葬式に行ったよね。どうだった。
B: すごく悲しかった。

A: 할머니 장례식에 갔었지. 어땠어?
B: 너무 슬펐어.

그거 너무 웃겼어요.	→	すごく笑わせられた。
그건 너무 화났어요.	→	すごく怒った。
그건 너무 창피했어요.	→	_____

228 私は何もしたくない。

dialogue

A: 林、どうしたの。あなたすごく元気なさそうに見える。
B: 私もなぜかわからない。なんとなく、何もしたくないし、ただ泣きたい。

A: 하야시, 무슨 일이야? 너 너무 기운 없어 보인다.
B: 왜 그런지 나도 모르겠어. 그냥 아무것도 하기 싫고 울고만 싶어.

춤추고 싶어.	→	踊りたい。
아무것도 하기 싫고 잠자고 싶어.	→	何もしたくないし、ただ寝たい。
먹고 싶지 않아.	→	_____

정답 227 すごく恥ずかしかった。 228 食べたくない。

상황표현 익히기

슬픔

① 私、すごく悲しい。
나 너무 슬퍼.

② 私、泣きたい。
나 울고 싶어.

③ 私、すごくかわいそう。
난 너무 불쌍해.

④ あの映画が私をすごく悲しくさせた。
그 영화가 나를 너무 슬프게 해.

⑤ 私、それですごく気分が悪い。
나 그것 때문에 너무 기분이 안 좋아.

우울

① どうして、ふくれているの？
왜 시무룩해?

② どうして悲しいの？
왜 슬퍼?

③ 雨は いつも、私を悲しくさせます。
비는 항상 나를 우울하게 해요.

④ あなた、落ち込んでいるように見えるけど。
너 우울해 보인다.

❺ それはすごくゆううつだった。
그건 너무 우울했어.

유감

❶ すごく残念ですね。
너무 안됐네요.

❷ 遺憾だ。
유감이다.

❸ すごく気の毒ですね。
너무 안됐어요.

❹ それ、問題ですね。
그거 문제네요.

❺ 残念ですが、本当です。
유감이지만 사실이에요.

Unit 04 화/실망

- 229 一番腹が立つ는 '가장 짜증이 나다, 화가 나다'라는 표현입니다.
- 230 うんざりだ는 '지겹다, 싫증나다'라는 말입니다.
- 231 かんにん袋の緒が切れそうだ는 '머리 뚜껑이 열리기 직전이다'라는 말입니다.

핵심패턴 익히기

229 一番腹が立つ。

dialogue

A : うちの母は、いつも私を子供あつかいするのよ。本当にいや。私はもう二十歳だってば！
B : そうそう。お母さんはみんな同じ。私もそれが一番腹が立つよ。

A : 우리 엄마는 언제나 나를 애 취급해. 정말 싫어. 난 벌써 스무 살이라고!
B : 맞아, 엄마들은 다 그렇지 뭐. 나도 그게 제일 짜증나.

나는 그 사람이랑 얘기하는 게 제일 짜증나.	→	私はあの人と話すのが、一番むかつくよ。
나는 줄 서서 기다리는 게 제일 짜증나.	→	私は列に並んで待つのが、一番いらいらする。
나는 스팸 메일 받는 게 제일 짜증나.	→	_____

정답 229 私は迷惑メールが、一番腹が立つ。

230 お前の文句には、もううんざりだ。

A: 不平等だと思わない？私の考えでは…
B: もうたくさんだよ。お前の文句にはもううんざりだ。

A: 불공평하다고 생각하지 않아? 내 생각엔…
B: 그만 좀 할래? 네 불평에 이젠 정말 싫증난다.

그한테 정말 싫증나.	→	彼に本当にうんざりした。
이 쓰레기 같은 것들에 정말 싫증나.	→	このゴミみたいなものには、本当にうんざりだ。
네 거짓말에 정말 싫증나.	→	_____

231 かんにん袋の緒が切れそう。

A: 私が何回も言ったでしょう。
B: 小言言わないで、かんにん袋の緒が切れそう。

A: 내가 여러 번 얘기했잖아.
B: 잔소리 그만해. 뚜껑 열리기 직전이야.

바로 그거 하려던 참이었어요.	→	今すぐそれをするところだった。
도와줘. 노숙자 되기 직전이야.	→	助けて、ホームレスになりそうだよ。
물어보려던 참이야.	→	_____

정답 230 あなたのうそには、本当にうんざりだ。　231 聞いてみようと思ったところだよ。

상황표현 익히기

화

❶ 私、あなたが本当に癪に障る。
나 너한테 정말 화났어.

❷ 私、頭にきた。
나 화났어.

❸ うちの父、かんかんに怒った。
우리 아빠 불같이 화가 났어.

❹ かんにん袋の緒が切れそう。
뚜껑 열리기 직전이야.

❺ 私を刺激しないで。
내 신경 건드리지 마.

❻ あなたが私にそんなこと、できるの？
네가 나한테 어떻게 이럴 수 있어?

❼ ムカついた。
나 열 받았어.

❽ 言葉に気をつけて！
말조심해!

실망

❶ 学生たちをがっかりさせないでください。
학생들을 실망시키지 마세요.

❷ あなたにすごくがっかりした。
너한테 너무 실망스러워.

❸ 結果がすごく悪かった。
결과가 너무 실망스러웠어.

❹ 私にそんなこと、できるの？
나한테 어쩜 이럴 수 있니?

❺ がっかりしないで。
실망하지 마.

❻ がんばって。
힘내!

짜증

❶ それより、いらいらするものもない。
그것보다 짜증나는 것도 없어.

❷ あの人、本当に腹が立つ。
그 사람 정말 짜증나.

❸ おまえの文句には、もううんざりだ。
네 불평에 질려버렸어.

❹ もう我慢できない。
더 이상 못 참아.

❺ もうたくさんだ。
이제 그만 됐어.

❻ もう、頭に来た。
열 받아.

❼ いらいらする。
짜증나.

Unit 05 걱정

232 なんで~そうなの？는 '무슨일로 ~거야?'라는 뜻입니다.
233 何か~ことでもある？는 '뭔가 ~라도 있어?'라는 뜻입니다.
234 最悪だね는 '최악이다, 너무 끔찍하다'라는 뜻입니다.

■ 핵심패턴 익히기

232 なんでつらそうなの？

dialogue

A : あなた、月曜日から落ち込んでいるね。なんでつらそうなの？
B : 私がそうだった？祖母の具合が悪いの。

A : 너 월요일부터 우울했잖아. 무슨 일로 괴로워하는 거야?
B : 내가 그랬어? 할머니가 편찮으셔.

무슨 일이 일어나고 있는 거야? ➔ 何が起っているの？

뭐 때문에 통증이 있는 거죠? ➔ どうして痛みがありますか。

없어진 게 뭐야? ➔ _____

응용표현 **정답** 232 なくなったものは、何？

233 何かまちがえたことでもある?

dialogue

A : 何かまちがいでもある？
B : ううん、全部大丈夫。

A : 뭐 잘못된 거라도 있어?
B : 아니, 모든 게 괜찮아.

뭐 다른 거 없나요? → 何かほかのものはありませんか。

이 이상 나쁜 일은 없어요. → これ以上、悪いことはありません。

뭐 이상한 거라도 있나요? → _____

234 最悪だね。

dialogue

A : 最悪だね。
B : 心配しないで、すべてがよくなるよ。

A : 너무 끔찍해.
B : 걱정 마, 다 나아질 거야.

더 나빠질 거야. → もっと悪くなるよ。

더 밝아질 거야. → もっと明るくなるよ。

더 바빠질 거야. → _____

정답 233 何かおかしいことでもありますか。 234 もっと忙しくなるよ。

상황표현 익히기

걱정 묻기

① 何かあった？
무슨 일 있어?

② 何か問題でもありますか。
무슨 문제 있어요?

③ 何か心配なことがある？
뭔가 걱정되는 거 있어?

④ 何が心配なの？
뭐가 걱정이야?

⑤ 何が問題なの？
뭐가 문제야?

⑥ 何かまちがえたところでもある？
뭐 잘못된 거 있어?

걱정 말하기

① 問題がある。
문제가 있어.

② 私は彼女が心配だ。
난 그녀에 대해서 걱정이 돼.

③ このために、ゆうべ眠れなかった。
그것 때문에 어제 잠을 잘 수가 없었어.

④ あの人の健康が、気になります。
그 사람 건강이 걱정이에요.

⑤ お金の問題があります。
돈 문제가 있어요.

⑥ うちの家族に関することです。
우리 가족에 관한 거예요.

⑦ 問題ありません。
문제없어요.

위로하기

① 心配しないで。
걱정하지 마.

② 気にしないで。
신경 쓰지 마.

③ 心配することはないよ。
걱정할 것 없어.

④ すべてがうまく行くよ。
모든 게 다 잘 될 거야.

⑤ 大した問題じゃないよ。
별로 큰 문제가 아니야.

⑥ 頑張れ。
힘내.

Unit 06

싸움/비난

- 235 怒らせたの？는 '화나게 했니?'라는 사역의 표현입니다.
- 236 あなただ는 '(바로)당신이야'라는 뜻입니다.
- 237 それは本当には '그건 정말'이라는 뜻입니다.

▪️ 핵심패턴 익히기

235 私があなたを怒らせたの？

dialogue

A: 私があなたを怒らせたの？
B: ううん、あなたとは何の関係もないよ。

A: 내가 너를 화나게 한거야?
B: 아니야. 너하고는 아무 문제 없어.

내가 너 웃게 한거야?	➔	私があなたを笑わせたの？
내가 너 얼굴 붉히게 한거야?	➔	私があなたに恥をかかせたの？
내가 너를 울게 한거야?	➔	_____

응용표현 정답 235 私があなたを泣かせたの？

236 間違えたのは、あなただ。

dialogue

A: あなた、今まちがえたよ。
B: 間違えたのは、あなただ。

A: 너 금방 실수 했어.
B: 실수한 사람은 너야.

정신 못 차리는 사람은 너야. → しっかりしていない人は、あなただ。

옳은 사람은 너야. → 正しいのは、あなただ。

거짓말을 한 사람은 너야. → _____

237 それは本当に恥ずかしい状況だった。

dialogue

A: それは本当に恥ずかしい状況だった。
B: 落ち着いて。あなたの気持ちわかってるよ。

A: 그건 정말 수치스러운 상황이었어.
B: 진정해. 네 맘 이해해.

그건 정말 간단한 계획이었어. → それは本当に、簡単な計画だった。

그건 정말 싼 가격이었다고. → それは本当に、安い値段だったよ。

그건 정말 아름다운 날이었죠. → _____

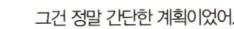 정답 236 うそをついたのは、あなただ。　237 それは本当にすばらしい日だったでしょう。

상황표현 익히기

화난 이유 물어보기

❶ どうして怒るの？
왜 화난거야?

❷ なんでそんなに腹が立つの？
뭐 때문에 그렇게 화난거야?

❸ どうしてそんなに頭に来たの？
왜 그렇게 열 받은 거야?

❹ 私にどうして怒ったの？
나한테 왜 그렇게 화난거야?

❺ なんで怒ったのか話してみて。
왜 화가 났는지 얘기해봐.

싸움

❶ 間違えたのは、あなただ。
실수한 사람은 너야.

❷ 私を刺激しないでと言ったよ。
내 성질 건드리지 말라고 했어.

❸ 自分のことに、気を使ったら。
네 일이나 신경 써.

❹ それはあなたのことじゃない。
그건 네 일이 아냐.

❺ あなた、ひどすぎたよ。
너 너무 심했어.

❻ 我慢できるだけ我慢した。
참을 만큼 참았어.

❼ あ、また始まったね。
하! 또 시작이네.

비난

❶ あ、今あなたが私を非難するの。
어, 지금 네가 나를 비난하는 거야?

❷ あなた、それはしない方がよかったのに。
너 그거 하지 말았어야해.

❸ 彼にはすごくぞっとした。
그는 정말 끔찍해.

❹ それは、本当に恥ずかしい状況だった。
그건 정말 수치스러운 상황이었어.

❺ 彼女は、顔に泥を塗ることをした。
그녀는 불명예스러운 짓을 했어.

❻ そんなことで、私を非難しないで。
그것 가지고 나 비난하지 마.

❼ 私のせいにしないで。
내 탓으로 돌리지 마.

Unit 07

칭찬

- **238** もし~たら는 '만약 ~한다면'이라는 뜻입니다.
- **239** 気が気ではない는 (긴장해서) 불안하다'라는 뜻입니다.
- **240** 心配しすぎだ는 '너무 걱정하다'라는 뜻입니다. [동사ます형] 뒤에 すぎる는 '너무 ~하다'라는 말입니다.

핵심패턴 익히기

238 もし間違えたら、どうしよう？

dialogue

A : 私、すごく緊張してる。もし間違えたら、どうしよう？
B : あまり心配しないで。すべてがうまくいくよ。

A : 나 너무 긴장돼. 만약 실수하면 어떡하지?
B : 너무 걱정하지마. 다 잘 될 거야.

만약 나 거절당하면 어떡해? → もし私、断られたら、どうしよう？

만약 그게 사실이면 어떡하지? → もし、それが事実だったら、どうしよう？

만약 그를 찾을 수 없다면 어쩌지? → _____

정답 238 もし、彼を探せなかったら、どうする？

239 彼女も気が気ではないはずだよ。

dialogue

A: 私、すごく緊張している。でも彼女も気が気ではないはずだよ。そう思わない？
B: あの人を、どうして気にするの？

A: 나 너무 긴장돼. 하지만 그녀도 다리를 떨고 있을 거야. 그렇게 생각하지 않아?
B: 그애에게 왜 신경써?

너 지금 농담하는 거지? → あなた、今のは冗談だよね。

그 사람 소리 지를거야. → あの人、きっと大声出すよ。

나 분명 꿈꾸고 있는 거야. → _____

240 あまり心配しすぎだ。

dialogue

A: 私はあなたがすごく心配しすぎだと思う。これは世界の終りじゃないってば。
B: 本当にそう思う？

A: 내 생각엔 너 너무 걱정해. 이건 세상의 끝이 아니라고.
B: 정말 그렇게 생각해?

너 너무 많이 먹는다. → あなた、すごく食べすぎるよ。

그는 말을 너무 많이 한다. → 彼はおしゃべりすぎるよ。

너는 너무 많이 잔다. → _____

응용표현 **정답** 239 私、きっと夢を見ているんだわ。 240 あなたは寝すぎだよ。

상황표현 익히기

긴장

① もし、私が間違えたら、どうする?
만약에 나 실수하면 어쩌지?

② 明日、雨だったらどうする?
내일 비가 오면 어떡하지?

③ 私、心配なの。
나 걱정돼.

④ すごく緊張しているよ。
너무 긴장돼요.

⑤ びんぼうゆすりしちゃうよ。
다리가 계속 떨려.

초조

① どうして、いつもあせっているの?
뭣 때문에 항상 그렇게 초조해 하는 거야?

② 針のむしろの上にいるみたい。
바늘방석위에 있는 거 같아.

③ 彼はそわそわして落ち着かない。
그는 안절부절못하고 있어.

④ 気分が悪い。
(초조해서)속이 안 좋아.

❺ 心臓(しんぞう)がどきどきする。
심장이 콩닥거려.

대답

❶ 落(お)ち着(つ)いて。
진정해.

❷ 深呼吸(しんこきゅう)して。
숨을 깊이 쉬어.

❸ すべてがうまくいくよ。
모든 것이 잘 될 거야.

❹ あわてないで。
당황하지마.

❺ 吸(す)って、吐(は)いて
숨을 들이쉬고 내쉬고.

❻ それ、すごく簡単(かんたん)すぎるよ。
그거 너무 쉬울 거야.

상대방과 대화하기

1. 상대방의 말을 못 알아들었을 경우

상대방의 말을 못 알아들었을 경우는 알아들은 부분만 살짝 반복해 본다. 이렇게 하면 상대방은 내가 못 알아들었다는 것을 알고 다시 한번 말해 준다.

A : はじめまして。鈴木泰輔といいます。 (처음 뵙겠습니다. 스즈키타이스케라고 합니다.)
B : 鈴木・・・? (스즈키…?)
A : 鈴木泰輔です。 (스즈키타이스케입니다.)

혹은 정중하게 다시 한번 말해 달라고 한다.

すみませんが、もう一度お願いします。 (죄송합니다만 다시 한번 말씀해 주세요.)
ちょっと聞き取れなかったんですが。 (잘 못 들었는데요.)
すみませんが、もう少しゆっくりお願いします。 (죄송합니다만 좀 더 천천히 말씀해 주세요.)

격의 없는 사이에서 써도 되는 표현.

えっ? (어?)
ん? (응?)
何? (뭐?)

2. 다른 표현으로 바꿔 달라고 말할 때

〜って何ですか。 (〜가 뭡니까?)
〜というのは何ですか。 (〜라는 것은 무엇입니까?)

A : 昨日、スタバへ行ったよ。 (어제 스타바에 갔었어.)
B : スタバって何ですか。 (스타바란 뭡니까?)
A : スターバックスのこと。 (스타벅스야.)

漢字ではどう書きますか。 (한자로는 어떻게 씁니까?)
英語で何と言いますか。 (영어로는 뭐라고 합니까?)